AF461822

STÉNOGRAPHIE

DES COURS.

SEMESTRE D'ÉTÉ.

ANNÉE SCOLAIRE 1835—1836.

COURS

DE PHILOSOPHIE CHIMIQUE.

M. DUMAS, PROFESSEUR.

PREMIÈRE LEÇON.

14 avril 1836.

Messieurs,

La philosophie chimique a pour objet de remonter aux principes généraux de la science, de montrer non seulement en quoi ils consistent, mais encore quelles sont les diverses phases par lesquelles ils ont passé, de donner l'explication la plus générale des phénomènes chimiques, en mettant de côté les particularités que les corps peuvent présenter, explication dans laquelle on considère les corps en faisant abstraction de leurs qualités spécifiques, et on arrive à connaître l'essence des diverses réactions, la liaison rapide entre les faits observés et la cause de ces faits. C'est une recherche générale de la nature des molécules et de celles des forces chimiques. La philosophie chimique, pour nous servir de termes qui sont bien connus, a pour but de rechercher la nature des atomes, leurs principales propriétés, la nature des actions chimiques et des principales modifications qu'elles éprouvent, sous l'influence de causes connues.

Nous rechercherons, non comment la science eût pu se former, en partant des principes que nous admettons, mais comment elle s'est faite réellement au moyen de résultats, d'expériences; en remontant dans les siècles passés, nous verrons comment la science s'est établie, comment les théories se sont créées.

Les vues générales sur la nature des élémens intimes des corps, se ressentant toujours de l'état de la physique, nous pouvons maintenant nous en former une idée plus juste qu'autrefois; cependant il serait faux de dire que les anciens chimistes n'avaient point une idée vraie des phénomènes moléculaires; l'existence de ces phénomènes était aussi bien connue dans ces temps qu'elle l'est aujourd'hui, tandis qu'il y avait l'ignorance la plus profonde de la véritable nature des faits physiques. C'est qu'il y a entre les chimistes actuels et les anciens chimistes quelque chose de commun, relativement au fond des idées et à la marche générale qu'ils suivent. En effet, partout et toujours les chimistes ont marché en consultant l'expérience et n'établissant leurs théories que d'après elle. C'est sous ce point de vue qu'il faut examiner les ouvrages des anciens pour comprendre ce qu'ils ont de philosophique. C'est par cette étude que nous commencerons l'étude de la philosophie chimique. Aujourd'hui nous étudierons ceux des anciens chimistes qui ont précédé l'établissement des Académies, étude qui comprendra depuis les premières époques jusqu'à l'an 1650 ou 1660. Dès ces premiers temps nous apercevrons quelques vérités fondamentales, quelques idées importantes qu'il est nécessaire de faire remarquer; idées qui, sous beaucoup de rapports, justifient les chimistes de cette époque des accusations portées contre eux, et qui nous permettront de demêler ce qu'il y a de vrai ou de faux dans leur méthode; et, si nous examinons la manière de procéder des anciens chimistes, en même témps que celle des anciens physiciens, des anciens mécaniciens et des anciens géomètres, les premiers nous paraîtront véritablement être les inventeurs de l'art d'expérimenter.

Toutefois on ne doit point, comme quelques-uns l'ont fait, chercher la découverte des premiers élémens de la chimie dans les temps les plus reculés du monde. On ne peut, par exemple, soutenir que les Égyptiens fussent très-avancés dans cette science; on trouve cependant chez eux des résultats qui annonceraient des idées chimiques assez perfectionnées ; on y voit une industrie très-avancée et dans laquelle on met à profit une foule d'observations qui ont donné naissance à des arts très-compliqués. Ainsi, ils savaient faire non seulement le verre, mais encore ils savaient faire le verre coloré, et quand on examine les produits des arts de cette époque, on voit qu'ils avaient en vitrification une industrie presqu'aussi avancée que celle que nous possédons. Ils connaissaient non seulement le natron que la nature leur avait donné tout formé, mais ils connaissaient encore la potasse; ils savaient que l'on peut retirer cet alcali des cendres. Ils savaient de plus, et divers monumens en font foi, qu'en traitant ces carbonates alcalins par la chaux, on les rendait caustiques. Ils connaissaient l'emploi d'un certain nombre de sels et de beaucoup de métaux, principalement du cuivre, de l'or, de l'argent, du plomb et un peu du fer. Ils savaient faire quelques alliages métalliques. Ils possédaient, à un degré assez parfait, l'art de faire le vinaigre. Ils savaient même, ce qui paraît plus compliqué, fabriquer la bière. Mais de tous ces faits, devons-nous conclure qu'ils s'étaient formé une idée juste des phénomènes naturels? Il suffirait, pour démontrer qu'il n'en est point ainsi, de consulter ce qui se passe sous nos yeux ; de voir, par exemple, l'état de l'industrie et des sciences chez les Chinois. Là, l'industrie est aussi perfectionnée que possible, et surpasse de beaucoup celle des Egyptiens, et cependant elle n'est accompagnée d'aucune de ces connaissances scientifiques qui accompagnent l'industrie des Européens et des autres peuples civilisés. On ne peut donc point dire que les Egyptiens connussent la chimie générale, non plus que les Chinois et les Indiens ne la connaissent.

Et sans aller si loin, ne suffirait-il point d'examiner ce qui se passe autour de nous et de prendre dans notre propre industrie de ces exemples fameux qui font voir comment il est facile, à l'aide de la pratique seule, d'arriver à découvrir des méthodes que la théorie ne pourrait imaginer? Rappelons seulement ce qui se passe au Mexique, relativement à l'exploitation des minerais d'argent. Depuis 1561, ces mines sont exploitées par un procédé dû à un homme inconnu, qui n'avait aucune espèce de connaissances en chimie, Hernand de Velasquèz; procédé extrêmement compliqué, qui n'a été compris ni de son auteur, ni de tous ceux qui sont venus après lui; car, ce n'est que depuis peu de temps que, par les expériences de M. Bousingault, nous avons pu en comprendre la théorie. Velasquèz y avait été conduit par la pratique seule, en passant d'une expérience à une autre, sans s'en rendre compte, sans pouvoir même s'en rendre compte. Et sans aller si loin, qui est-ce qui, aujourd'hui, comprend le procédé de l'emploi de l'air chaud dans les hauts fourneaux? et cependant ce procédé est aussi avantageux qu'il est possible. Les progrès incontestables de l'industrie des Egyptiens ne prouvent donc point qu'ils possédassent la théorie sur laquelle les divers procédés des arts sont fondés.

Cependant une chose fort remarquable, c'est que, dès qu'on a commencé à écrire sur l'histoire de la chimie, on se soit accordé à regarder les Egyptiens comme des chimistes très-avancés; mais on doit remarquer qu'à l'époque où on a commencé à écrire sur ce sujet, on avait l'opinion que la chimie renfermait des procédés mystérieux; idée qui, presque involontairement, se rattachait à celle que ces procédés auraient été écrits en hiéroglyphes par les Egyptiens; mais aujourd'hui on sait que les hiéroglyphes n'ont aucun rapport avec la chimie. Quoi qu'il en soit, on s'accorde assez volontiers à chercher dans la langue égyptienne l'origine du mot *chimie*, et l'on peut penser que les succès que les Egyptiens ont obtenus dans les arts chimiques, ont pu disposer peu à peu les esprits à s'occuper d'une science qui avait pour but l'explication de ces procédés, et l'idée que l'on avait de la civilisation Égyptienne a donné quelque tendance à leur emprunter le nom de cette science.

Si les connaissances chimiques des Egyptiens nous paraissent fort équivoques, il en sera de même de celles des Hébreux. Pour prouver que les Hébreux étaient avancés dans la connaissance de la chimie, on a dit qu'ils l'avaient apprise durant leur séjour en Egypte; mais on sent qu'un tel motif ne peut pas être d'un grand poids, après ce qu'on vient de dire des connaissances des Egyptiens. On a voulu faire de Moïse un grand chimiste, et on a cité la dissolution du veau-d'or, et sur cette dissolution, on a écrit plusieurs volumes qui ont excité l'attention des médecins et des chimistes. On a donné plusieurs recettes pour expliquer comment elle s'était faite ; mais rien de tout cela ne prouve que Moïse ait réellement connu la chimie. On a cité d'autres personnages dont on a même donné les ouvrages ; mais évidemment ces ouvrages sont apocryphes : tels sont une certaine Marie la juive, Saint-Jean l'évangéliste, et d'autres encore ; toutes ces assertions sont vagues et incertaines.

Nous trouverons de même, que les Grecs et les Romains ont été peu avancés dans les connaissances chimiques ; ils ont bien hérité des procédés, des arts des Egyptiens, mais vous trouvez chez eux la même ignorance du fond de la science et le même vague dans tout ce qui concerne les idées générales. Chez les philosophes grecs eux-mêmes, qui ont tant réfléchi sur les phénomènes de la nature, nous ne trouvons point la moindre tentative pour arriver à la connaissance des phénomènes chimiques, pas la moindre idée qui repose sur quelque chose de général. Ce n'est point cependant que les philosophes grecs n'aient eu sur la nature, des idées dont plus tard on a trouvé la démonstration ; telles sont celles de Démocrite sur l'existence des atomes ; mais ces idées sont tout-à-fait étrangères à la chimie proprement dite. En continuant cette étude historique des temps anciens, nous arrivons à reconnaître que ce n'est que vers la fin du VIIIe siècle, que l'on peut avoir des notions exactes sur l'état des connaissances chimiques. A cette époque se trouve un des auteurs qui ont acquis le plus de célébrité parmi les écrivains du moyen-âge; Gheber, fondateur de l'Ecole des chimistes arabes, Gheber ne se donne point comme inventeur du système des connaissances chimiques qu'il a réunies, mais il n'en mérite pas moins notre reconnaissance pour nous avoir donné une idée juste de l'état de la science à cette époque. En décrivant les procédés chimiques connus de son temps, il dit quelque chose des idées qui dominaient alors, et nous fait voir que déjà on croyait à la transmutation des métaux. Ainsi, le premier ouvrage que nous possédions sur la chimie est un traité d'alchimie, et on verra que cette erreur dont on ne connaît point la source, s'est prolongée pendant un grand nombre de siècles; mais on ne trouve encore aucune trace de l'idée de la panacée.

Après Gheber, nous voyons bientôt paraître des auteurs qui sont fameux dans l'histoire de la médecine et la pharmacologie : Rhazès, Avicenne, Mesué, Averrhoès, dont les noms sont célèbres, soit parce qu'ils ont laissé quelques préparations nouvelles, soit parce qu'ils ont imprimé à la médecine un certain mouvement dont plus tard on s'est débarrassé avec raison. Mais le but de ce cours ne peut être d'examiner l'influence de ces hommes sur la médecine. Mais sans nous écarter de notre but, nous pouvons remarquer qu'à cette époque, l'alchimie regardait comme possible la transmutation des métaux; mais qu'il n'est nullement question d'une autre idée, qui plus tard apparaîtra dans l'alchimie, savoir : l'idée de la médecine universelle, ou la découverte d'une panacée qui aurait eu le pouvoir de guérir toutes les maladies. Nous verrons plus tard comment cette nouvelle erreur s'est introduite dans la chimie, et à quelle idée philosophique faussement appliquée, cette introduction est véritablement due.

Ce n'est guère qu'au XIIIe siècle, que nous voyons apparaître en Europe ces connaissances chimiques qui existaient depuis long-temps en Arabie. C'est un des services si nombreux que les Croisades ont rendus à la civilisation : c'est d'ailleurs une remarque générale que tous ces grands mouvemens de guerre, qui mettent les peuples en communication, sont un des moyens les plus efficaces pour transmettre d'un peuple à l'autre les diverses connaissances. La chimie nous arrive, par le moyen des Croisés, sous la forme alchimique, telle que les Arabes la leur avaient apprise et perfectionnée par l'esprit ardent de ces peuples, qui y avaient introduit un mysticisme qu'on ne trouve point chez Gheber. Aussi trouve-t-on que les premiers chimistes ont conservé dans leurs livres un certain vernis de magie, tel qu'il suffit de citer leurs noms pour en rappeler l'idée.

A leur tête est Roger Bacon, moine anglais, le premier des écrivains chimistes que nous ayons possédé en Europe. Si on examine aujourd'hui les ouvrages de Roger Bacon, qui écrivait à peu près vers l'an 1230, on est frappé à la fois de la profondeur de ses connaissances et de leur universalité : c'est à la fois un mathématicien très habile, un géomètre très distingué, c'est un homme qui possédait toutes les connaissances dont se composait la mécanique d'alors, et dont les idées sur la physique étaient claires et précises ; et quand il aborde les questions de chimie, si ce n'était qu'il est préoccupé de la possibilité de la transmutation des métaux, on serait étonné de la netteté et de la profondeur de ses vues. Nous en serons surtout frappés si nous venons à lire quelques chapitres qu'il a écrits pour faire connaître les avantages que l'on trouve dans l'art d'expérimenter ; il place l'expérience au plus haut degré possible dans l'échelle des connaissances humaines : « c'est au » moyen de cet art d'expérimenter, dit-il en terminant son *Opus majus*, que les chimistes sont par» venus à des découvertes qui leur ont permis d'o» pérer la transmutation des métaux, ce qui prouve » combien cet art est excellent. » Si l'on met de côté cette idée chimérique, on reconnaît là ce qui a caractérisé dans tous les temps la marche de la chimie, savoir : que tous les chimistes pensaient, avec Roger Bacon, que l'art d'expérimenter était la seule chose essentielle dans leurs recherches.

Que Roger Bacon, avec les connaissances d'histoire naturelle, de chimie et de mécanique qu'il possédait, ait laissé la réputation qu'il possède aujourd'hui, cela ne doit point nous étonner. Comment voulez-vous qu'un homme qui, le premier, a découvert la poudre à canon, comment voulez-vous que cet homme ne soit point un magicien? Toutefois, si nous ouvrons ses ouvrages, nous n'y trouverons aucune de ces histoires merveilleuses dont on le fait le héros, entr'autres, celle de cette tête d'airain qu'il avait construite, et qu'il consultait dans toutes les occasions difficiles.

A peu près à la même époque, on voit apparaître un homme presque égal à Roger Bacon pour le génie, et qui de même que lui a laissé une réputation universelle de magicien. C'est Albert Grot, dont le nom a contribué pour quelque chose à cette immense célébrité qu'il a acquise, en lui faisant donner le nom d'Albert-le-Grand, et qui n'est point à beaucoup près aussi grand que son nom; mais cette dénomination à contribué à attacher à son nom la renommée de sorcellerie dont nous allons voir quelques exemples.

Albert-le-Grand était un Dominicain, qui, comme beaucoup de savans de ces temps, était un homme universel, qui embrassait à la fois toutes les connaissances, ce qui faisait dire de lui qu'il était *magnus magiâ, major philosophiâ, maximus theologiâ*. Et en effet, il a écrit sur ces matières des ouvrages qui montrent qu'il possédait des connaissances précises, qu'on trouverait difficilement chez d'autres savans de cette époque. Mais il ne faut pas, pour s'en faire une juste idée, se figurer qu'Albert-le-Grand soit auteur de certains ouvrages qu'on lui attribue; qu'il soit l'auteur des *Secrets du petit Albert*, ouvrage dont la composition est si étrange; non plus que d'un certain traité d'alchimie qu'on lui attribue, et qui est postérieur à cette époque. Albert-le-Grand n'a jamais non plus été un magicien capable d'opéter les merveilles qu'on en raconte..... Un certain comte de Flandre qui vivait alors, ayant été invité à venir dîner chez lui, Albert-le-Grand fit dresser la table au milieu du jardin, ce qui étonna beaucoup le comte et les seigneurs qui l'accompagnaient, car on était en plein hiver, et le jardin était couvert de plusieurs pieds de neige; mais au moment de se mettre à table la neige disparait, les arbres se couvrent de verdure et de fleurs, et les oiseaux font entendre leurs chants du printemps; et au moment où le dîner se termine, tout cet enchantement disparaît et fait place à l'aridité et aux rigueurs de l'hiver. Ce conte montre l'idée qu'on se formait alors, des hommes qui se livraient à l'étude de la chimie; et eux-mêmes ne contribuaient pas peu à l'entretenir; ils aimaient en général à se donner comme possédant une puissance au-delà de leurs forces: ainsi, on les voit dire souvent qu'ils savent faire de l'or, qu'ils en font en telle quantité qu'ils veulent, et l'opinion qu'ils laissent ainsi entrevoir sur leur compte, porte ordinairement à leur attribuer des connaissances qu'ils n'ont jamais possédées.

Ce n'était point en France que se trouvaient, à l'époque dont nous parlons, les hommes qui possédaient au plus haut degré les connaissances chimiques; mais notre pays ne resta pas longtemps dans l'ignorance de cette science. Un homme qui a laissé une réputation égale à celle des hommes que nous venons de citer, Arnaud de Villeneuve ne tarde pas à paraître dans le midi de la France, et fait faire à la chimie des progrès plus grands que n'avait fait Albert-le-Grand, et comparables à ce qu'avait fait Roger Bacon. S'il n'est point l'inventeur de l'art de distiller, qui est beaucoup plus ancien, puisque Dioscoride a parlé de cet art et donné une description de l'alambic; on doit dire, du moins, qu'Arnaud de Villeneuve a fait connaître les produits les plus importans de la distillation, tels que l'esprit de vin, dont il a au moins répandu la connaissance, s'il n'en est pas l'inventeur. A cette époque, il est extrêmement difficile de démêler ce qui appartient à un auteur, de ce qu'il a emprunté à un autre; les auteurs ne se citent pas, ils désignent les choses comme existantes, sans dire si c'est à eux ou à d'autres qu'on en doit la découverte. On ne peut dire non plus, par la même raison, qu'Arnaud de Villeneuve soit l'inventeur de l'essence de thérébentine; tout ce qu'on sait, c'est que cette substance n'est connue que depuis qu'il a écrit.

Arnaud de Villeneuve, après avoir fait ses études de médecine à Paris, va à Montpellier, où il professe cette science d'une manière distinguée; il y écrit un grand nombre d'ouvrages remarquables, dans lesquels on trouve des notions de médecine assez exactes; une pharmacologie beaucoup plus avancée qu'on ne pourrait l'attendre à cette époque, et des connaissances de chimie qui ne sont point sans intérêt, dont quelques-unes, même, en ont beaucoup. Enfin, Arnaud de Villeneuve donne un moyen de trouver la pierre philosophale; mais il est nécessaire de connaître le langage sous lequel les chimistes de ce temps cachent leurs moyens de procéder, pour comprendre quelque chose à cette recette. Mais ce qu'on remarque surtout en lisant les ouvrages d'Arnaud de Villeneuve, c'est un certain scepticisme, accompagné d'une certaine tournure d'esprit, qu'on ne saurait mieux comparer qu'à celle de Rabelais; esprit qui, d'ailleurs, s'accorde bien avec les diverses circonstances qui accompagnent sa vie. Ainsi, on voit qu'il encourut la censure ecclésiastique, pour avoir dit que le sacrifice de la messe est moins agréable à Dieu que les œuvres de charité.

A côté d'Arnaud de Villeuve, qui joue un grand rôle dans le midi, apparaît un autre homme, élève d'Arnaud de Villeneuve, Raymond Lulle. Il serait extrêmement difficile de donner une idée exacte de l'existence aventureuse de ce chimiste. Il faudrait, pour cela, montrer la vie tout entière de cet homme, qui n'a pas vécu moins de quatre-vingts ans, et qui, à cause d'une certaine exaltation d'imagination, n'a pas passé une seule année dans le même lieu; il faudrait vous le montrer parcourant l'Europe, se mettant en communication avec tous les savans : discutant, ergotant sur tous les sujets, mais en même temps, laissant des écrits dont le nombre surpasse l'imagination, dans lesquels il se fait remarquer par la multitude et l'étendue de ses connaissances, et où on trouve un mélange bizarre de théologie, de physique, de médecine et de chimie : de théologie, parce qu'il était moine; de physique et de chimie, parce que ces deux sciences n'étaient point séparées, et qu'il avait pour la chimie un goût passionné; et de médecine, à cause de ses rapports avec Arnaud de Villeneuve.

Pour comprendre la vie d'un alchimiste de ce temps, pour savoir ce que c'étaient que ces hommes qui, à cette époque, se dévouaient à l'étude de la chimie, à présent si ingrate, il faudrait prendre pour type la vie de Raymond Lulle.

Raymond Lulle était Espagnol, et appartenait à une famille noble. Jeune encore, il vivait dans les plaisirs avec quelques jeunes seigneurs. Le hasard le fit devenir amoureux d'une dame. Alors Raymond Lulle, dans son amour, se livre à mille folies, au point qu'un jour, il monta sur un cheval pour l'accompagner jusque dans l'église. La dame, dont il était si épris, fatiguée de son amour, lui écrit une lettre qui nous est restée, où elle lui dit qu'un amour pareil ne doit point troubler son esprit, qu'il doit s'occuper de choses plus sérieuses. Mais le jeune homme n'en continua pas moins ses poursuites, et fit même des vers en l'honneur de cette dame. Alors elle lui donne un rendez-vous; et là, après lui avoir renouvelé ses conseils, elle lui dit : « Vous avez fait des vers pour célébrer ma beauté, et vous avez loué surtout la beauté de mon sein. Eh bien! voyez! » Et alors elle lui découvre un cancer horrible qui lui rongeait le sein. Frappé d'horreur, Raymond Lulle se retire dans un couvent, où, après quelques jours, il se fait moine; et bientôt il conçoit l'idée d'une Croisade, et parcourt tous les pays, afin de recruter du monde pour cette entreprise; se met en rapport avec tous les hommes célèbres du temps, sans négliger un moment ses travaux toujours inutiles pour organiser sa Croisade, dont le but était la conversion des peuples de l'Afrique. Sur ces entrefaites, il prend, pour l'accompagner dans ses voyages, un esclave africain qui, apprenant les projets de son maître contre son pays, lui enfonce un poignard dans la poitrine pour en empêcher l'exécution. Raymond guérit, et se rend à Tunis, où il établit des conférences publiques sur la religion ; le gouvernement le fait prendre, mettre sur un bâtiment, et le renvoie en Europe. Enfin, après une vie aussi agitée que possible, dans laquelle on le voit produire à chaque instant quelqu'un des nombreux ouvrages dont il est l'auteur, il finit par aller dans une ville dernièrement illustrée par nos armées, à Bougie, où il proclame la religion catholique; il en fait tant, que la populace s'ameute contre lui, le poursuit à coups de pierres, et le laisse mort sur le rivage, d'où des marins le rapportent dans sa patrie, où il est honoré comme un saint. La légende rapporte que son corps, laissé sur le rivage après son martyre, répandit une lumière tellement éclatante, qu'elle appela l'attention des matelots qui le rapportèrent en Espagne.

Cette histoire de la vie de Raymond Lulle ferait croire que véritablement il n'a pas laissé sur la chimie des écrits dignes de quelque attention; mais si l'on examine les ouvrages de cet homme, si on les dégage de la forme alchimique qui s'y trouve, on est étonné d'y remarquer une finesse d'observation, que même maintenant on ne saurait dépasser. Je me contenterai d'en citer un exemple: la recette que donne Raymond Lulle pour obtenir la pierre philosophale. Si on prend cette recette à la lettre, elle est tout-à-fait inintelligible, mais une fois qu'on connaît le mot de l'énigme, on est frappé de la netteté de l'exposition du phénomène que Raymond Lulle avait en vue de faire connaître.

« Si vous voulez, dit-il, faire *l'elixir des sages*, la pierre philosophale (par ce mot pierre, les alchimistes ne voulaient point désigner littéralement une pierre, mais un composé quelconque ayant la propriété de faire de l'or, auquel ils attribuaient cependant presque toujours une couleur rouge), il faut prendre le *mercure des philosophes*, et le calciner jusqu'à ce qu'il soit transformé en *lion vert*, et après qu'il aura subi cette transformation, vous le calcinerez davantage, et il se changera en *lion rouge*; mettez ce lion rouge en rapport avec l'acide des végétaux, et la digestion étant complète, vous ferez évaporer, et le mercure finira par se prendre en une espèce de gomme; vous mettrez cette gomme dans une retorte convenablement lutée, vous la soumettrez à la distillation, vous verrez apparaître des vapeurs qui ne se concrètent point. La retorte se couvrira à l'intérieur de ce que les alchimistes désignent par le nom *d'ombres cimériennes*, et on aura un résidu noir, qui est un *dragon*, parce qu'il a la propriété de mordre sa queue, et de passer à l'état de lion vert. Si vous mettez ce dragon en contact avec un charbon rouge, il s'enflamme, reversez par dessus la matière obtenue dans le récipient, soumettez de nouveau ce résidu à la distillation et vous obtiendrez deux choses : 1° *le lait de la vierge*, 2° *l'elixir des sages* ou *le sang humain.*» Si nous appelons plomb ce que Raymond Lulle appelle mercure des philosophes, nous comprendrons parfaitement cette énigme. Il prend du plomb, le calcine et obtient un lion vert, c'est du masicots, en calcinant davantage il obtient du minium, qu'il désigne sous le nom de lion rouge, il met le minium en contact avec le vinaigre, il se fait une dissolution qu'il évapore, et dans cette opération on obtient en effet un produit qui ressemble à la gomme, et qui est de l'acétate de plomb; si on distille cet acétate, il passe dans l'intérieur du récipient de l'acide acétique et de l'esprit pyroacétique, et on a pour résidu du plomb, en partie revivifié, qui jouit de la propriété de prendre feu et de revenir à l'état de massicot, ce que Lulle exprime par les mots de *dragon qui passe à l'état de lion vert*. Si on verse dessus la matière du récipient, il se combine avec elle, ce qu'expriment les expressions de *mordre sa queue*. Si on prend l'acétate de plomb qui se forme alors, et qu'on distille, on retrouve une certaine quantité d'eau laiteuse, puis une liqueur rouge brun, que Lulle appelle sang humain, et qui est de l'esprit pyroacétique. C'est le sang humain qui attire surtout l'attention de Raymond Lulle, par la propriété qu'il a de précipiter l'or de ses dissolutions à l'état métallique. Il est impossible après cette explication de ne pas être frappé de l'attention scrupuleuse que Raymond Lulle a apportée dans l'examen des divers phénomènes qui accompagnent la distillation de l'acétate de plomb, et il est remarquable que l'esprit pyroacétique, découvert dernièrement par M. Pélouze, fût si bien connu de Raymond Lulle.

Après Raimond Lulle, nous voyons s'écouler un temps assez long sans qu'on aperçoive de chimistes proprement dits; on ne trouve presque plus que des alchimistes, et qui n'ont laissé que des écrits tout-à-fait inintelligibles. A la tête de ces chercheurs de pierre, se trouve l'auteur du *Roman de la rose*, roman qui renferme lui-même un chapitre destiné à la description du grand œuvre. Après avoir écrit le Roman de la rose, l'auteur a composé plusieurs poèmes, ayant pour objet la description des procédés convenables pour la formation de la pierre philosophale. On trouve ensuite Nicolas Flamel, qui, à ce qu'on prétend, a trouvé lui-même la pierre philosophale, en s'aidant des écrits d'un Juif, dont il avait eu le bonheur de rencontrer les manuscrits. Plusieurs fois ce Nicolas Flamel aurait fabriqué de l'or, d'où serait résulté une grande fortune, qu'il aurait employée à bâtir une grande quantité de maisons. On a fait un gros livre pour examiner ce qu'il y a de vrai dans ces faits, et on a découvert que ce Nicolas Flamel est mort dans un état de fortune médiocre; il prêtait à la petite semaine, de manière que dans son quartier il avait des intérêts sur un nombre infini de petites maisons, et si on lit l'histoire de sa vie, on voit qu'il n'a jamais été chimiste.

Vers cette époque, ou un peu plus tard, vous voyez apparaître Basile Valentin, auteur du *Currus triumphalis Antimonii*, où vous observez la première introduction de l'antimoine en médecine, introduction qui a précédé de peu de temps la création de la première chaire de chimie que nous ayons possédée, chaire qui fut dévolue à Paracelse. Il est nécessaire pour l'intelligence de ce qui va suivre de dire ici quelques mots sur cet homme et de l'influence qu'il a eue sur la science.

Paracelse, si on s'en rapporte à l'histoire, était un homme rempli de vices, débauché, ivrogne, crapuleux, que l'on trouvait presque toujours dans les mauvais lieux et les cabarets. On ne conçoit pas comment avec de telles habitudes, cet homme a pu parvenir à acquérir sa haute réputation. Cependant vous voyez les habitans de Bâle établir une chaire de chimie, et appeler Paracelse pour remplir cette chaire, la première qu'il y ait eu en Europe. Nous voyons Paracelse remplir pendant quelque temps cette chaire, mais bientôt en sortir à la suite d'un procès, qui jusqu'à un certain point, nous donne une idée de son caractère. En même temps que Paracelse professait la chimie, il professait la médecine : il est appelé pour soigner un chanoine, mais avant de commencer la cure, il a soin de faire son marché. Il donne ensuite deux pilules au malade qui guérit. Le chanoine, heureux d'en être quitte à si bon compte, refuse de payer, on appelle des arbitres, on appelle des médecins, qui trouvent que le malade a été guéri trop vite, et obtiennent un arrêt qui l'exclut du pays. Privé de tout moyen d'existence, Paracelse erra pendant quelque temps, et finit par mourir dans un cabaret à l'âge 48 ans. Il avait encore enchéri sur les alchimistes ses prédécesseurs, en joignant à l'idée de la pierre philosophale, celle d'un moyen à l'aide duquel on pouvait prolonger sa vie indéfiniment, auquel il donnait le nom *d'elixir de propriété.* Après ce coup-d'œil sur la vie de Paracelse, voyons en quoi consistent ses opinions en chimie. Il disait : Il y a quatre élémens qui en se réunissant, en forment un cinquième à qui je donne le nom de cinquième élément ou quintescence. Ainsi, par ce mot quintescence, il entendait ce qu'il y avait de plus pur dans les quatre élémens, il voyait cette quintescence partout. Dans tout ce qui existe dans la nature, disait-il, il y a toujours une cinquième chose, qui est la chose essentielle, de manière que si vous prenez un remède, que vous le traitiez convenablement, vous finirez par trouver la quintescence. N'est-ce point absolument comme si on disait : « Il y a dans l'opium quelque chose de plus actif qui peut suppléer l'opium comme médicament? » Aussi Paracelse savait-il tirer des médicamens un parti que n'en tirait aucun des médecins de cette époque. Paracelse paraît être l'auteur de cette sorte de chimie qui a pour objet d'élaguer de tous les corps employés comme médicamens, les matières inertes, pour ne s'attacher qu'aux substances actives, et de trouver le mode de préparation convenable, pour augmenter l'activité des médicamens, en rendant solubles les corps qui ne le sont pas.

Paracelse admettait dans tout trois principes qui sont devenus célèbres, le sel, l'extrait, le mercure.

Un mot encore, et nous terminons cette énumération rapidé de ceux des chimistes dont les travaux ont eu l'alchimie pour objet. A partir de Paracelse, on voit se dessiner nettement une ligne de démarcation entre eux et les chimistes. Les alchimistes continuent toujours à chercher la pierre philosophale, mais à mesure qu'on avance on les voit devenir de plus en plus obscurs, et substituer des supercheries à une science réelle. Ainsi, à partir de l'époque que nous venons de signaler, à côté d'hommes éclatans, comme Raymond Lulle, on ne peut citer que quelques noms obscurs, comme le Cosmopolite et d'autres aussi peu connus. Peu à peu on voit disparaître la secte des philosophalistes, mais en 1783 on en trouve encore un exemple remarquable : un nommé James Price annonce en Angleterre qu'il a trouvé un moyen de transformer le plomb en or, et fait cette expérience devant quelques personnes. La Société royale de Londres, qui d'abord avait vu avec indifférence ces recherches, se vit bientôt forcée de s'en occuper, et nomma des commissaires pour examiner ce secret. Quand Price se vit obligé d'opérer sous les yeux de la Société, il prétendit n'avoir plus de poudre, et employa plusieurs faux fuyans. Enfin en 1784, cette mystification se termina d'une manière tout-à-fait inattendue : au moment où les commissaires se disposaient à se rendre chez lui, il avala une certaine quantité d'acide prussique et on le trouva mort. On se rendrait difficilement compte de ce fait, si on ne savait ce que peut chez les hommes un certain désir de célébrité.

A côté de ces hommes qui ont cessé de mériter le nom de chimistes, on voit apparaître d'autres hommes, tels que Vahhelmont qui introduisit dans la médecine l'usage des médicamens chimiques ; déjà Paracelse l'avait précédé dans cette route, et avait rendu de grands services à la médecine en même temps qu'il lui avait beaucoup nui par le mépris qu'il affectait pour l'antiquité. Nous voyons encore à cette époque Agricola qui a laissé le premier ouvrage de métallurgie qui ait paru, ouvrage remarquable à la fois et par la clarté des idées et par l'exactitude des descriptions. Vient ensuite Bernard Palissy à qui la science doit de grands services, il a fait un dialogue fort remarquable entre la théorie et la pratique, dans lequel il montre toujours la pratique renversant les raisonnemens de la théorie, et dans lequel il laisse voir toute son antipathie pour les physiciens scholastiques, qui alors commençaient à prendre de l'accroissement.

DEUXIÈME LEÇON.

26 avril 1836.

Depuis un temps extrêmement ancien, les chimistes avaient reconnu l'importance du feu dans les opérations chimiques; et c'est peut-être à cela qu'il faut attribuer une partie de leurs erreurs. Ainsi, ils faisaient jouer au feu un rôle semblable à celui que maintenant nous faisons jouer à l'électricité; toutes les fois qu'un phénomène se dérobait à leur explication, ils le rejetaient toujours sur le compte du feu; et comme ils avaient remarqué que c'est à l'aide du feu, que l'on parvenait à faire passer les minerais de l'état de terre à l'état de métal, qui, pour eux, était un état plus parfait, ils en avaient conclu que ce feu devait, étant bien conduit, amener les métaux à un état plus parfait encore; de là l'idée de leur conversion en or.

En 1650, nous voyons une Académie s'élever en Belgique. Douze ans plus tard, en 1662, la Société royale de Londres s'établit; mais nous laisserons de côté ces deux premières Académies, pour nous attacher plus spécialement à celle de Paris, qui fut fondée en 1666. C'est alors que nous voyons paraître Nicolas Lefèvre, un des premiers professeurs qui nous ait laissé quelques ouvrages.

Nicolas Lefèvre était protestant. Il avait fait ses études à Sedan. Il fut chargé, par le médecin de Louis XIV, de professer la chimie au Jardin des Plantes; mais après avoir professé pendant quelque temps, avec beaucoup de succès, il quitte Paris pour se rendre à Londres, où il devient le chef d'un laboratoire que le roi d'Angleterre voulait établir. La France possédait alors des chimistes, tandis qu'il n'y en avait pas en Angleterre; c'est ce qui décida Jacques Lefèvre à y passer : il publia même ses ouvrages à Londres. On y retrouve le style élégant d'un homme formé aux bonnes écoles. Son traité de chimie n'est point, comme la plupart de ceux de cette époque, un ramassis confus de recettes pour obtenir divers composés. Il se demande dans son ouvrage s'il y a plusieurs sortes de chimies, et il en distingue trois : la chimie philosophique, qui peut tendre vers des applications industrielles, a pour objet le perfectionnement de l'étude de la nature; la chimie yatrochimique, qui a pour objet la physiologie, et la chimie pharmaceutique, ou le développement des procédés à employer pour la préparation des médicamens. Il se demande également si la chimie est l'art des transmutations et des séparations, et il repousse cette définition. Pour lui, la chimie est l'étude des corps de la nature; il comprend à la fois sous une même définition la physique et la chimie, qui alors tendaient plus que jamais à se séparer : l'une admettant toujours l'expérience comme guide de ses recherches, l'autre rejetant ce flambeau pour s'attacher à des idées purement hypothétiques sur la nature intime des corps. En même temps qu'il témoigne la plus haute admiration pour la première, il annonce le mépris le plus profond pour la seconde.

Suivant Jacques Lefèvre il y a cinq élémens : 1° le phlegme ou l'eau ; 2° l'esprit ou le mercure, et par ces mots il entend le métal dans toute sa pureté; 3° l'élément combustible, qu'il désigne par les mots d'huile ou de soufre; 4° le sel; 5° la terre : Jacques Lefèvre avait été conduit à cette distinction par la considération de ce qui se passe dans la distillation, où il voyait successivement se former de l'eau, une vapeur aériforme, une matière huileuse inflammable et embrasant le charbon, résidu de la distillation ; et en lavant ce qui restait de cette combustion, une partie se dissolvait dans cette eau, c'était le sel ; une autre restait, c'était la terre. Aristote avait été conduit à ses élémens, par la considération d'un autre phénomène, savoir : ce qui se passe dans la combustion du bois, où par l'action du feu il se dégage une vapeur qui se condense, et qu'Aristote appelait eau ; un gaz qu'on ne peut saisir, c'était l'air, et on a pour résidu des cendres, qui donnèrent à Aristote l'idée de son quatrième élement, la terre.

Outre ces cinq élémens, Jacques Lefèvre admettait une sorte d'esprit universel qui émanait du soleil, et qui, jouant le rôle que joue réellement l'oxigène, se corpurifiait sur la terre, formait le nitre, les oxides, jouait un rôle important dans la végétation et la respiration. Cette idée était une idée extrêmement avancée pour l'époque où il vivait. On trouve encore la preuve d'une chimie très avancée, dans les expériences multipliées qu'il fit sur l'antimoine.

Jacques Lefèvre fut remplacé aux Jardin des plantes par un homme dont le nom est plus connu, grâce à la découverte d'un sel auquel on a donné son nom, le sel polychreste de Glazer, mais qui méritait beaucoup moins que Lefèvre de passer à la postérité. Car si on ouvre un petit ouvrage qu'il nous a laissé, on y voit se déceler un homme tout différent; ce n'est plus un observateur profond, c'est un manipulateur. La chimie n'est plus pour lui l'étude des corps de la nature; mais c'est l'art « d'inciser, contuser, pulvériser, alcooliser, raper, scier, léviger, granuler, laminer, fondre, liquefier, pulvériser, digérer, infuser, macérer, cohober, calciner, fumiger, amalgamer, cimenter, distiller, rectifier, sublimer, extraire, fermenter, évaporer, exhaler, coaguler, stratifier, fulminer, détourner, décrépiter, précipiter, cribler, laver, couler, filtrer, fixer, circuler, éteindre, volatiliser, dissoudre, vitrifier, exhalter, revivifier, spiritualiser, congeler, cristalliser, mortifier, corporiser, et de faire une infinité d'autres opérations. » C'était d'ailleurs un homme obscur, peu sociable. Il mourut en prison en 1678, accusé d'avoir aidé la Brinvilliers dans ses empoisonnemens qui l'ont rendue si célèbre.

Après Glazer, nous avons à nous occuper d'un homme tout différent. Lemery n'est plus seulement un manipulateur habile, mais c'est un homme qui sait unir à des connaissances profondes en chimie, l'art de les exposer d'une manière simple et accessible à tous, sans s'accompagner de ces promesses fastueuses des autres chimistes. Il avait d'ailleurs su se concilier d'autres qualités qui le rendirent en peu de temps populaire. Pour les dames, il avait trouvé le blanc de fard; pour les hommes, il se recommanda par une philosophie sage et éclairée, promettant peu, mais effectuant tout ce qu'il promettait; aussi ne doit-on pas s'étonner du nombreux concours d'auditeurs qui se réunissaient pour l'entendre, dans son laboratoire de la rue Galande. Lemery n'avait cependant pas reçu une brillante éducation; il avait reçu cette éducation première que l'on donne à tous les enfans, jusqu'à ce qu'arrivé à un certain âge, il entrat dans une pharmacie en qualité d'élève; mais il n'y voyait que des problêmes à résoudre que la science de cette époque ne résolvait pas. Il se rend alors à Paris auprès de Glazer, cherche ces lumières, but de toute son ambition; mais il ne trouve qu'un maître mystérieux, qui se cache quand il a quelque chose à faire, qui a peur de laisser entrevoir quelque chose de ce qu'il croit savoir. Il s'en sépare et se décide à voyager; il parcourt successivement les principales villes de France, et revient enfin à

Paris, où pendant vingt-cinq ans nous le voyons professer avec une vogue et une célébrité dont on ne se fait pas d'idée. Il essayait par tous les moyens de captiver ses élèves; ainsi nous le voyons mettre à leur disposition sa maison, et les admettre à sa table; bientôt, le nombre augmentant, il finit par louer toutes les maisons de la rue Galande, et les remplir d'étudians. C'est alors qu'il publia son ouvrage, dont la vogue fut telle, que tous les ans il s'en faisait une nouvelle édition, et qu'il fût contrefait dans tous les pays civilisés. Il avait établi, rue Galande, une pharmacie, lorsque, à la révocation de l'édit de Nantes, il se vit obligé de fuir et d'abandonner la France; alors sa pharmacie est pillée, son laboratoire dispersé. Il tâcha cependant de rentrer comme médecin; mais les persécutions recommencèrent, et pour s'y soustraire, il se fit catholique : c'est alors qu'il écrivit sa pharmacopée et son traité sur l'antimoine, qui occupa l'Académie pendant si long-temps, et que l'on consulte encore lorsque l'on veut s'occuper de ce métal. Ses ouvrages se font surtout remarquer par son habilité dans l'art d'expérimenter et la profondeur de son jugement; tout s'enchaîne, tout se suit, les recettes qu'il rapporte se tiennent les unes les autres d'une manière vraiment admirable. Si on vient à le comparer à Jacques Lefèvre, on voit que ce dernier est un homme tout d'imagination, tandis que l'autre est un homme positif, s'appuyant toujours sur les faits, n'avançant rien qui ne soit confirmé par l'expérience; il mourut en 1715. Dans la même année, et presque jour pour jour, est mort Homberg, connu surtout pour l'invention du pyrophore, qu'il ne formait point, comme nous le faisons aujourd'hui, en calcinant l'alun avec une matière charbonneuse quelconque, mais par un procédé beaucoup plus dégoûtant; il calcinait l'alun avec une matière fécale. Il est vrai que son procédé fut bientôt abandonné, car dès son temps les chimistes remplaçaient la matière fécale par de la farine. Il était né à Batavia, et avait étudié la chimie encore très jeune; c'était un homme tout positif, s'exprimant difficilement, inventant peu, mais aimant à rassembler les travaux des autres; aussi le voit-on passer une partie de sa vie à voyager, visitant tous les chimistes de l'Europe, tâchant de se procurer leurs recettes, achetant un secret par un autre, et les publiant ensuite; c'est à lui qu'on doit d'avoir publié pour la première fois les moyens de faire le phosphore.

A une époque un peu plus reculée, en 1645, on trouve Becher, auteur d'un ouvrage intitulé *Physica subterranea,* sur le frontispice duquel Stahl ne craignait pas d'écrire : *Opus sine pari.* On se figure facilement des hommes dont les goûts sont singuliers, qui mangeaient du charbon de terre; mais on ne peut se figurer des hommes qui se livrent par goût à des occupations sur lesquelles ils sont sûrs de perdre leur fortune, leur honneur, leur vie: cependant il en existe, et ces hommes ce sont les chimistes, race hétérogène, espèce d'animaux d'un genre particulier.

Macérés dans l'eau-de-vie,
Flambés, roussis et rissolés,
Et par la fumée aveuglés.

Becher fut successivement médecin de l'électeur de Bavière et de l'empereur; mais bientôt il se vit forcé de fuir en l'Angleterre, poursuivi par les courtisans et les mologiens, et il ne faut pas s'en étonner, car, dans son ouvrage, il traite de la création du ciel, de la création de la terre, etc...

C'est lui qui le premier a eu l'idée de diviser les corps en deux classes, les corps simples ou indécomposables, et les corps composés. Il essaya même de donner une liste des corps simples, et en cela il échoua, cela devait être, les moyens que la chimie avait alors entre les mains, n'étaient pas suffisans pour prononcer sur la simplicité ou la non simplicité des corps. Mais cette idée n'en était pas moins profonde et devait rester dans la science et y fructifier tôt ou tard. C'est encore à lui que l'on doit la classification des terres en trois classes : 1° la terre vitrifiable; 2° la terre inflammable; 3° la terre mercurielle. Du reste, Becher a eu si peu d'influence sur la chimie, que ses ouvrages, à l'exception de la première partie de la *Physica subterranea*, sont complètement perdus. Cependant s'il faut croire Stahl, son contemporain, ils ne méritaient pas un tel sort; Stahl professait pour Becher l'admition la plus profonde, c'est à ses soins que l'on doit l'édition de la *Physica subterranea* qui nous est restée. Ce serait même jusqu'à Becher qu'il faudrait remonter pour trouver les premières idées du phlogistique, qui pendant si long-temps a été admis par tous les chimistes, et qui fut développé avec tant de succès par Stahl, que l'on s'accorda à attribuer à Stahl la gloire de son invention.

Stahl était né en Saxe, en 1660, en 1716 il fut nommé médecin du roi de Prusse : tous ses ouvrages indiquent un génie profond et vaste, et un homme riche en belles idées, mais ce n'est peut-être pas par ses ouvrages même qu'on peut le juger, il eut fallu l'entendre développer sa théorie au milieu de ses nombreux élèves pour savoir quel homme il était. Car, comme écrivain, c'est l'homme le plus dur, le plus sauvage que l'on puisse rencontrer; ses ouvrages surtout, le dernier volume, sont écrits moitié allemand, moitié latin, le tout entremêlé d'une foule de chiffres dont il se sert pour désigner les substances dont on se servait en chimie, de sorte que la lecture de ses livres est presque impossible. Mais, si on le prend dans quelques-uns des ouvrages qu'on a eu la patience de traduire et surtout dans son traité du soufre, on ne peut se lasser de l'admirer. Comme Becher, à qui d'ailleurs il se plaît à attribuer la gloire de ses idées, il rejette la division des élémens d'Aristote, il dit que l'on doit diviser les corps en corps simples et en corps composés, mais ces corps simples, et c'est là son erreur, ce sont les oxides. Ces corps, en se combinant avec un principe hypothétique qu'il nommait phlogistique, passaient à l'état métallique, ou de corps déphlogistiqué. Toutes les fois qu'un corps brûlait, c'était parce qu'il se dégageait du phlogistique, et il s'en dégageait d'autant plus que le corps était plus inflammable. Si l'oxide de plomb chauffé avec le charbon passait à l'état métallique, c'est que le charbon en brûlant abandonnait son phlogistique et que l'oxide s'en emparait. On voit que cette théorie ne différait de la nôtre que parce que, Stahl avait vu une combinaison là où nous voyons une décomposition, *et vice versâ*; si Stahl avait pris la balance en main et eût eu égard à l'augmentation de poids que le plomb subissait dans sa déphlogistication, Lavoisier n'eût eu rien à faire. La différence qu'il y a entre Stahl et Lavoisier, c'est que le premier n'a eu égard, dans son explication, qu'au changement de forme et d'aspect des corps brûlés, et que Lavoisier a eu égard à la fois au changement de forme et au changement de poids. Mais on doit dire à la gloire de la théorie de Stahl, qu'elle a pendant près d'un siècle suffi seule aux besoins de la science; ce n'est que lorsque de nouvelles découvertes ont amené de nouveaux faits, inexpliquables dans cette théorie qu'elle a été forcée de succomber. Dès le principe on objectait bien la diminution de poids que subissaient les corps lorsqu'on les *phlogistiquait*, ainsi que l'impossibilité de saisir ce principe, dont on se servait pour expliquer les phénomènes : mais, répondaient les chimistes, ce principe insaisissable, c'est la lumière; son poids est un *poids négatif*, voilà pourquoi sa combinaison avec les corps les rend plus légers; le poids véritable du corps est diminué d'une quantité égale au poids négatif du phlogistique qui est combiné avec lui. Plus tard, mais alors la théorie du phlogistique était presque détruite, on objecta ce qui se passait dans la réduction du mercure qui pouvait avoir lieu, sans qu'il y eût besoin du contact du charbon. Macquer essaya de répondre en disant qu'à la vérité, dans cette opération, le mercure n'était point en contact avec le charbon, mais qu'il était nécessaire qu'il eût l'*aspect* des charbons ardens. Lorsqu'une théorie est obligée, pour se défendre, de recourir à de tels raisonnemens, on peut la regarder comme complètement vaincue.

TROISIÈME LEÇON.

30 avril 1836.

Messieurs,

Dans nos deux premières leçons, nous avons passé en revue les travaux les plus importans des chimistes qui se sont succédés jusque vers l'année 1760. A cette époque, la théorie du phlogistique régnait encore d'une manière absolue, mais déjà quelques faits semblaient la contredire, et déjà l'on commençait à comprendre que cette théorie ne pouvait satisfaire tous les besoins de la science; mais c'est surtout vers 1773 que nous voyons se dessiner le commencement de cette révolution, qui a donné naissance à la théorie que nous professons maintenant. En 1773, en effet, nous voyons apparaître sur la scène trois hommes destinés à changer entièrement la face de la science, trois hommes nés dans des pays différens, dont la position sociale n'était pas la même, non plus que l'éducation qu'ils avaient reçue. Le premier de ces trois hommes, Lavoisier, était un homme riche, doué de l'éducation la plus brillante et d'un esprit éminemment philosophique, un homme qui dominait par sa science tous ses contemporains, et qui s'est acquis une gloire à laquelle en France nous ne trouvons rien d'égal. Le second, Priestley, était un ecclésiastique vivant continuellement dans les discussions théologiques, un homme pauvre, mais soutenu par quelques hommes riches qui lui faisaient une petite pension nécessaire pour ses travaux, un homme d'une vie agitée, mais qui cependant, a pu trouver le temps de découvrir des faits qui lui ont acquis une grande réputation, réputation qui s'efface devant la gloire du premier. Le troisième était un pauvre élève en pharmacie, inconnu, s'ignorant lui-même, supérieur de beaucoup à Priestley, mais inférieur à Lavoisier d'une quantité qu'on mesure à peine, et qui dépend probablement de la différence d'éducation de ces deux hommes. Entre ces trois savans, il s'est établi une lutte animée, une lutte qui a duré dix ans; et quand, au bout de ce temps, la théorie du phlogistique eût cédé à leurs efforts réunis, il semble qu'une destinée providentielle soit venue fondre sur eux et les faire disparaître de la face du monde. Mais si ces hommes ont eu une destinée commune, ils ont présenté des différences remarquables dans le genre de leurs travaux et les résultats qu'ils ont obtenus.

Je commencerai par vous entretenir de celui de

tous dont la destinée est la plus humble, et dont les travaux sont les moins connus.

Schéele est, comme personne ne l'ignore, un des plus illustres chimistes de la Suède. Il était né en 1742 d'une famille peu aisée ; il fut cependant envoyé au collége, où il commença ses études de latinité ; et il faut le dire, il les commença et les finit avec peu de succès : on ne chercha donc point à lui faire parcourir la carrière des lettres, et on se trouva trop heureux de rencontrer un pharmacien qui voulût le recevoir comme apprenti. Nous voyons Schéele passer quelques années chez ce pharmacien, sans que rien se décèle en lui qui montre ce qu'il sera un jour ; c'était un homme calme, assidu, remplissant ses devoirs avec exactitude. Le hasard fait tomber sous sa main l'ouvrage de Newmann, élève de Stahl, et son plus grand admirateur ; il lit cet ouvrage, et c'est à cela que se bornent ses études en chimie.

Enfin, au bout de sept années passées ainsi, nous le voyons parcourir la Suède, allant d'une ville à l'autre, acquérant un fonds de connaissances dont plus tard il tirera parti ; et bientôt, nous le verrons s'élever aux idées les plus sublimes de la chimie de ce temps.

Après qu'il a ainsi travaillé d'une manière silencieuse, nous le voyons arriver à Stockholm, et dès son début, il présenta à l'Académie des sciences deux Mémoires, l'un sur l'acide tartrique, où il décrit ce corps d'une manière complète, en fait connaître la cristallisation, et établit d'une manière générale la théorie à l'aide de laquelle il a fait toutes ses découvertes. L'autre Mémoire n'était rien moins qu'une analyse complète du fluorure de calcium, et il fait connaître qu'en traitant ce corps par l'acide sulfurique et la silice, on obtient un gaz particulier qui est l'acide fluo-silicique. Dans ces deux Mémoires, Schéele décelait déjà tout ce qu'il serait un jour, mais il semblait qu'un mauvais génie s'acharnât à sa poursuite. Tout ce qu'il faisait pour connaître la nature réussissait d'une manière admirable, mais à chaque instant il se voyait frustré de tout le fruit qu'il pouvait espérer de ses travaux. Ainsi son Mémoire sur l'acide tartrique, Mémoire sur lequel il comptait beaucoup, tombe entre les mains d'un homme qui s'en empare, s'approprie la découverte de Schéele et la publie sous son propre nom.

Découragé, abandonné à des réflexions pénibles, Schéele quitte Stockholm arrive à Upsal, là, il paraîtrait qu'il aurait eu dessein de se mettre en rapport avec Bergmann, mais l'événement dont il avait été victime, l'avait rendu craintif; il resta long-temps à Upsal sans se mettre en communication avec Bergmann. Un hasard heureux, le seul peut-être dont Schéele ait eu à se féliciter, rapprocha ces deux hommes si bien faits pour se connaître.

Bergmann professait la chimie à Upsal, et remplissait alors l'Europe de son nom; ayant un jour besoin d'une certaine quantité de nitre, il envoie promptement en chercher chez le pharmacien où se trouvait Schéele. Bergmann essaie ce nitre, et tout-à-coup se manifeste un phénomène qu'il ne connaissait pas, des vapeurs rougeâtres apparaissent, c'était de l'acide hypoazotique qui se formait dans les circonstances où Bergmann avait mis ce salpètre. Bergmann attribue ce fait à l'impureté du nitre qu'on lui a apporté, et renvoie un de ses élèves chez le pharmacien, se plaindre de ce qu'on lui a fourni un mauvais produit. Schéele se fait expliquer ce qui s'était passé, et en donne immédiatement une explication satisfaisante. L'élève revient et raconte à Bergmann ce qu'il a entendu. Bergmann surpris se transporte chez le pharmacien, interroge le jeune homme, et trouve tout-à-coup, non un élève en pharmacie, mais un maître qui lui apprend une foule de faits inconnus, sur la composition de l'air, sur la théorie de la chaleur, et lui expose en un mot, dans une conversation de quelques heures, les bases d'un ouvrage qu'il devait publier plus tard, sa théoric de l'air et du feu, ouvrage dans lequel il a dépassé Priestley et peut-être égalé Lavoisier. La connaissance fut bientôt faite, Bergmann chercha les moyens d'être utile au jeune homme, et de le placer convenablement, mais la destinée de Schéele était plus forte. Frappé de tous les événemens qui à chaque instant venaient contrarier sa carrière, Schéele s'était décidé à chercher une retraite où il pût vivre seul et isolé du monde. Il refusa la place qu'on lui offrait, et bientôt, après avoir cultivé pendant quelque temps l'amitié de Bergmann, on le voit se retirer dans une petite ville de Suède. Là vivait une pauvre veuve qui possédait une pharmacie. Schéele avait conçu l'espoir d'épouser cette veuve, et de devenir maître de la pharmacie. Il s'établit chez elle; mais par une de ces contrariétés dont nous avons déjà cité quelques exemples, au moment où il semblait arrivé à une vie tranquille, il se trouve que la pharmacie était criblée de dettes, et que la pauvre veuve ne possédait rien. Schéele n'hésite point, au lieu d'un sort paisible qu'il croyait trouver, il trouve une position pénible, il l'accepte; et pendant plusieurs années on le voit continuer ses travaux au moyen d'une somme si modeste, qu'un autre aurait à peine pu y trouver à vivre. L'Académie des sciences de Stockholm, dont il était membre, lui faisait un petit revenu de 600 francs; Schéele voulant rétablir les affaires de la personne qui l'avait admis chez elle, pensa que ce revenu devait lui suffire; il prélève 500 francs pour ses expériences, le reste était pour son entretien. C'est au moyen d'une somme aussi modique qu'il a fait ses immortels travaux.

Mais il ne faut pas, pour s'en faire une idée, se figurer que Schéele travaillât comme nous le faisons aujourd'hui, ni même comme travaillaient les chimistes de son temps. Quelques produits les plus indispensables, quelques fioles, quelques creusets, voilà son laboratoire. Il n'avait pas de cloches, des verres à boire en faisaient l'office, et s'il fallait recueillir de grandes quantités de gaz, il employait des vessies. C'est au moyen de ce matériel modeste, qu'il faisait les expériences les plus délicates, qu'il arrivait aux découvertes les plus remarquables, et s'élevait aux idées fondamentales les plus profondes qu'on ait possédées de son temps.

Toutes les découvertes que faisait Schéele ne trouvaient en Europe d'autre écho que Bergmann. Bergmann s'était établi en quelque sorte son trucheman; aussitôt que Schéele avait fait une découverte, Bergmann se hâtait de la propager partout; et tandis que la Suède ignorait jusqu'à l'existence de Schéele, sa renommée remplissait le reste de l'Europe. Cela allait même au point que le roi de Suède, voyageant en Europe, et entendant partout parler de Schéele, crut nécessaire à sa propre gloire de faire quelque chose pour un homme qui illustrait ainsi son pays. Il écrit à son ministre de créer Schéele chevalier de l'Ordre de Wasa; on ne connaît point Schéele, cependant l'ordre était précis, positif; il faut le nommer chevalier.... Mais ce ne fut point Schéele le chimiste, ce fut un autre Schéele, un pauvre ingénieur des mines, sur lequel cet honneur tomba.

Comme chimiste, Schéele était tout l'opposé de ce que nous venons de voir qu'était Schéele considéré comme homme. Tout lui réussissait : il ne touchait pas un corps sans faire une découverte; et il est tel de ses Mémoires où vous trouvez la découverte de quatre corps simples. On peut citer à cette occasion son Mémoire sur le manganèse, où l'on trouve la découverte du manganèse, du chlore; et quoiqu'il ne le dise pas positivement, on peut affirmer que c'est dans le cours des travaux qui font l'objet de ce Mémoire, qu'il a découvert l'oxigène, qu'il a gardé pour en faire le sujet d'un Mémoire postérieur. C'est à Schéele que nous devons la découverte de l'acide tartrique, de l'acide fluorique, de l'acide manganésique, de l'acide arsénique, de l'acide urique, de l'acide molybdique, de l'acide malique, de l'acide tungstique, de l'acide citrique et de l'acide prussique. Les travaux par lesquels Schéele a découvert ce dernier acide, sont des plus remarquables. Et si vous vous donnez la peine de parcourir le Mémoire où il en établit l'existence, vous resterez stupéfaits en voyant à la fois, la simplicité des moyens, l'enchaînement des expériences, et la grandeur des résultats où il est parvenu à l'aide de quelques fioles et de quelques réactifs; tandis qu'un autre eût employé des frais immenses, sans obtenir des résultats aussi beaux.

Parmi les corps simples qu'il a découverts, nous devons citer d'abord le fluor, non point comme ayant été trouvé par Schéele à l'état où l'on doit supposer qu'il est simple, mais comme ayant été désigné par lui ; le manganèse, le baryum, le chlore, le molybdène, l'oxigène, le tungstène. Si vous parcourez ses Mémoires, vous n'y trouverez pas une erreur dans ce qu'il dit des corps et de leurs propriétés, mais il n'en est plus de même quand il parle de théorie. Ainsi, dans son traité de l'air et du feu, après avoir annoncé que l'air est composé de deux principes, dont l'un, qu'il appelait *air du feu*, est absorbé par les différens corps, et se retrouve dans l'oxide de manganèse, l'oxide de mercure et le nitre, et dont l'autre portait le nom d'*air corrompu*, il dit que, l'air du feu, en se combinant avec le phlogistique, donne naissance à de la chaleur; il suppose l'air du feu et le phlogistique pesans, et par une bizarrerie qu'on a peine à s'expliquer, il admet que de leur combinaison peut résulter un corps sans pesanteur.

Schéele venait de faire paraître ses derniers écrits, et semblait toucher au moment de goûter un sort plus doux : les dettes de sa maison étaient payées; sa réputation était immense. Alors, il songea à s'établir d'une manière définitive. Il épousa la veuve dans la pharmacie de laquelle il était entré, mais le jour même de son mariage il fut frappé d'une maladie qui l'emporta en quatre jours. On a dit qu'il était mort empoisonné; mais il paraît certain que sa mort fut causée par une maladie de poitrine, et il est à croire que, sentant sa fin approcher, il aura voulu donner un dernier témoignage d'attachement et de reconnaissance, à celle qui l'avait accueilli alors que tout lui était contraire, en la rendant légataire, par son mariage, de son nom et de sa fortune. Il mourut en 1786, à quarante-quatre ans.

Durant que Schéele se livrait, en Suède, aux travaux dont nous venons d'esquisser l'histoire, un homme tout différent poursuivait, dans un autre pays, une carrière non moins brillante. Cet homme, c'était Priestley, dont le nom nous rappelle la découverte des principaux gaz. Priestley était né en Angleterre, en 1732. Son père, fabricant de draps, le destinait d'abord au commerce; mais bientôt, par l'influence de sa mère, dont l'exaltation religieuse était extrême, le jeune Priestley fut destiné à une autre carrière, et mis au collége, où il fit des progrès rapides. Il revint ensuite chez son père, qui le fit voyager, et nous le voyons alors employer ses momens de distraction à apprendre le français, l'allemand, l'italien; mais bientôt, ses idées religieuses l'emportent, et il se voue entièrement aux études ecclésiastiques; c'est alors qu'il étudie le chaldéen, le syriaque, l'arabe. Il se présente pour prêcher; on lui demande s'il se repent du péché d'Adam; et, après quelques jours de réflexion, il répond qu'il a beau s'examiner, beau sonder sa conscience, il lui est impossible d'en ressentir la moindre contrition; en conséquence, on le rejette. Dès lors, nous le voyons tendre à former un schisme dont, plus tard, il devint le chef; mais il en résulta pour lui une foule de persécutions qui finirent par rendre son existence des plus pénibles. C'est alors qu'il crée une petite école, et, au moyen des épargnes qu'il peut faire, il achète une machine électrique et une machine pneumatique. Plus tard, nous le voyons appelé dans une petite Académie où il professe les langues anciennes. Il avait trente-deux ans quand le hasard l'amena à Londres, et le mit en rapport avec Franklin, qui lui inspira le désir d'étudier les phénomènes électriques, et c'est à cette circonstance que l'on doit son histoire critique de l'électricité, qu'il fit paraître peu de temps après, et qui le fit recevoir membre de la Société Royale de Londres.

Bientôt il s'établit dans une petite ville pour y prêcher. Le voisinage d'une brasserie l'invite à faire des expériences sur l'acide carbonique qui se dégage dans la fermentation de la bière, et c'est alors qu'il invente les appareils propres à recueillir les gaz, appareils qui sont devenus tellement nécessaires, que nous ne pouvons aujourd'hui nous en passer. Ces expériences lui donnent bientôt un protecteur dans lord Selbourne, qui lui fait une petite pension pour subvenir aux frais de son laboratoire, et l'attache à sa personne. Pendant six ans Priestley reste près de ce seigneur, et y écrit les quatre premiers volumes de son ouvrage sur les gaz. Il était près de faire paraître le cinquième, quand il le quitta.

C'est dans cet ouvrage qu'il fait connaître, d'une manière parfaite, l'acide carbonique, l'hydrogène, l'azote et le deutoxide d'azote. La découverte de ce dernier gaz fut pour lui l'occasion d'une joie d'enfant. Jusque-là, pour savoir combien un air qu'il voulait essayer contenait d'oxigène, il était obligé de se servir d'animaux qu'il mettait dans cet air, et qu'il renouvelait successivement jusqu'à ce qu'ils ne pussent plus y vivre. Il se servait pour cela de petites souris; mais ce n'était pas sans une peine extrême qu'il voyait que ses expériences nécessitaient la destruction d'un grand nombre de ces petits animaux; aussi, rien ne peut peindre la joie qu'il éprouva lorsqu'il trouva, dans le deutoxide d'azote, un moyen eudiométrique à la fois plus exact, plus simple et moins meurtrier. Bientôt après il découvre l'acide chlorhydrique gazeux, puis le protoxide d'azote, l'acide sulfureux, l'oxigène, l'acide fluosilicique, et, beaucoup plus tard, l'oxide de carbone.

Cependant, à chaque instant il répète qu'il n'est pas chimiste; que toutes ses découvertes, il les doit au hasard; que c'est même là ce qui en fait le mérite : car, suivant lui, toutes les découvertes dans les sciences sont dues au hasard, et le génie n'y est pour rien. Mais si l'on examine la série des expériences de Priestley, on voit qu'il s'en faut beaucoup que ce soit seulement par hasard qu'il a été conduit à ses découvertes; partout au contraire il est guidé par une même idée. Il avait trouvé un moyen de recueillir les gaz dans toutes les circonstances où ils se forment, et toutes les fois que dans les expériences des chimistes, ses prédécesseurs, il voyait une vapeur se dégager, il se demandait s'il n'était pas possible que cette vapeur fût un gaz. Il essayait alors de la recueillir à l'aide des appareils qu'il avait inventés, voilà le fil qui l'a continuellement guidé dans la série de ses découvertes. Mais tandis qu'il découvrait une foule de corps nouveaux, il restait continuellement dans l'erreur au sujet des bases des expériences qu'il faisait. Aussi rien n'est si curieux que la lecture de ses ouvrages. Toujours il a l'air de faire bon marché de ses opinions, mais toujours il attaque avec une aigreur extraordinaire les opinions autres que les siennes. Pour lui, les faits sont tout; mais remarquez que quand il parle d'un fait avec respect, c'est toujours d'un fait qu'il a découvert. Aussi, tout le monde sait qu'après tant de découvertes, Priestley mourut dans l'impénitence finale, il mourut phlogisticien comme il avait vécu. Quelques années en effet après avoir quitté lord Selbourne, nous voyons Priestley se réfugier au fond de l'Amérique septentrionale, près des sources de l'Usquehannah où il vit presque oublié, adresser aux chimistes français une humble supplique pour les prier de vouloir bien répondre à ses objections contre la théorie de Lavoisier; mais la réponse était si facile à faire, qu'elle fut faite par l'envoyé du peuple français aux États-Unis, et que sa pétition ne parvint pas jusqu'en France. Tourmenté en Amérique, Priestley était sur le point d'aller demander un asile aux Peaux-Rouges, lorsque Jefferson fut nommé président des États-Unis, ce qui lui permit de vivre tranquille jusqu'à sa mort.

Ses tribulations sont dues à des circonstances assez singulières. Après avoir quitté lord Selbourne, Priestley s'était retiré à Birmingham où il vivait du produit d'une souscription entre quelques amis des sciences. Là, il se livre à une série de discussions théologiques, il demande la liberté religieuse pour tous les Anglais, prêche successivement le calvinisme, l'arianisme, le socinianisme. Il n'en fallut pas davantage pour le faire passer en France pour un chaud républicain; en conséquence on lui décerne le titre de citoyen français, et le département de l'Orne le nomme député. Priestley refuse, sous prétexte qu'il n'est pas Français, mais il n'en est pas moins signalé en Angleterre comme démagogue, et on saisit la première occasion qui se présenta pour le perdre. Quelques habitans de Birmingham, qui voyaient avec plaisir la Révolution française, voulurent fêter le 14 juillet. La veille du jour où le banquet devait avoir lieu, on répand dans la ville une foule de pamphlets où Priestley était désigné de la manière la plus directe à la vengeance populaire. Aussi le lendemain, au moment du dîner, la populace se précipite dans la maison, la pille et l'incendie; elle court ensuite brûler l'église où prêchait Priestley, puis elle se transporte à la maison qu'il habitait à la campagne, et Priestley qui s'était réfugié dans une maison voisine, eut la douleur de voir détruire sous ses yeux son laboratoire, sa bibliothèque et les manuscrits où il avait consigné toutes ses découvertes. Toutefois il eut assez de philosophie pour supporter ce malheur avec calme et sans proférer une seule plainte. Il était innocent et ne faisait pas partie de la réunion qui devait avoir lieu ce jour-là. Pendant trois ans nous le voyons habiter Londres avec la plus grande tranquillité; il y donne des leçons, mais en même temps il continue ses prédications et fait si bien, qu'il s'attire la haine d'un ministre et qu'il est obligé de se réfugier en Amérique. Sa fin fut aussi triste que sa vie. Un jour dans un repas il est empoisonné avec toute sa famille et meurt des suites de cet accident dont on ne s'est jamais bien rendu compte.

Il nous resterait maintenant à parler de celui

des trois qui a jeté le plus grand éclat. L'heure avancée ne nous permet pas de commencer l'histoire de ses travaux, qui sont tellement importans que leur examen méritera d'occuper une séance entière; ce n'est pas sans dessein d'ailleurs, que nous n'avons pas parlé aujourd'hui de cet homme célèbre. Nous n'aurons pas seulement à nous occuper des travaux qui ont fait sa gloire, mais nous aurons à remplir envers lui un devoir de citoyen, et nous ne pourrions choisir un jour plus convenable que samedi prochain, anniversaire de la mort de Lavoisier.

QUATRIÈME LEÇON.

7 mai 1836.

Messieurs,

Dans le cours de la dernière séance, j'ai passé en revue deux parties des travaux chimiques, qui ont marqué l'époque qui se place entre 1770 et 1783; il en reste, ainsi que vous avez pu le voir, une autre que le temps ne nous a pas permis d'aborder, et qui comprend ceux de ces travaux, qui présentent le plus d'importance, ceux qui ont le plus de portée, ceux qui ont créé la théorie chimique que nous suivons aujourd'hui; je veux parler des travaux de Lavoisier, auxquels nous consacrerons cette séance.

En 1770, comme je vous l'ai exposé, Schéele commence la série de ces nombreux Mémoires, qui lui ont acquis cette illustration que j'ai essayé de vous peindre. Schéele montre déjà dans ses premiers travaux cet esprit d'analyse qualitative que vous voyez ensuite se perfectionner, dans les Mémoires successifs, que nous devons à cet homme célèbre, et qui nous paraît être le cachet de son génie. C'est ce que je me suis attaché surtout à vous montrer, dans le résumé que je vous ai présenté de ses travaux chimiques. C'est lui qui paraît avoir introduit dans la science cet esprit particulier d'analyse qui s'est perpétué dans les chimistes qui sont venus depuis. Personne jusqu'alors n'avait su comme lui reconnaître, dans une réaction, l'existence d'un corps nouveau; et quand une réaction l'avait mis sur la voie d'un nouveau corps, personne comme lui n'a su parvenir à le découvrir et à le mettre en évidence. Si vous voulez essayer de résumer la nature de son talent, vous devrez le peindre comme l'homme qui a possédé au plus haut degré l'art de l'analyse par voie humide.

C'est à Priestley que nous devons la découverte d'une méthode, à l'aide de laquelle on parvient à découvrir les gaz, et celle de procédés généraux, applicables à toutes les circonstances connues, à l'aide desquels on peut les recueillir. D'autres avant lui avaient su recueillir les gaz, mais personne n'avait su les saisir partout où ils se forment; c'est là le genre particulier de son génie. Pour résumer ce qui fait la base des travaux de ce savant, il faut dire que toutes les fois qu'un gaz se forme, il sait le retrouver, qu'il a appris un art qui n'était point connu jusqu'à lui, l'art de mettre un gaz en rapport avec toutes les autres substances, malgré son état de fluide élastique; et cet art, Priestley l'a possédé à un degré si supérieur, qu'aujourd'hui même toutes les méthodes que vous voyez employer dans la manipulation des gaz, se trouvent décrites dans les ouvrages de Priestley.

Cette même année 1770, qui a vu paraître le commencement des travaux de Schéele et de Priestley, travaux où déjà vous apercevez le génie de ces deux hommes, cette même année, dis-je, se trouve marquée par l'apparition du Mémoire que nous devons regarder comme étant le premier Mémoire chimique de Lavoisier. C'est un Mémoire très simple, quant à sa nature ; mais quand on examine la méthode qui y est suivie, on reconnaît que déjà Lavoisier montre, au plus haut degré, cet esprit qui caractérisera toutes ses recherches. Lavoisier se propose dans ce Mémoire de résoudre une question de la plus haute importance, il s'agit de savoir si l'eau possède ou non la propriété de se convertir en terre. On sent très bien que, partageant les idées du temps qui faisaient regarder l'eau comme un corps simple, la conversion de l'eau en terre était pour lui un phénomène du plus haut intérêt, puisque ce phénomène devait jeter sur la nature d'un élément la plus grande lumière : aussi quand il entreprend cette expérience, nous voyons Lavoisier procéder comme il doit procéder dans toutes les expériences qu'il fera par la suite. Ce n'est point une expérience qu'il tente en passant, à laquelle il doit consacrer quelques heures. Au contraire, il s'y prépare de longue main, il prend des dispositions telles que la vérité en résultera nécessairement. Voici quels sont ses préparatifs : il commence par faire exécuter une balance d'une grande précision, instrument qui avant lui n'avait jamais été introduit dans les recherches chimiques. Une fois qu'il a cet instrument entre les mains, il l'étudie, le fait fonctionner un grand nombre de fois, et parvient à découvrir un petit défaut; il parvient à s'assurer que, quand il pèse successivement un même corps dans les deux plateaux, il se trouve une légère différence entre les deux poids, mais qu'il peut en pesant à droite et à gauche, compenser cette différence ; que le poids moyen entre les deux pesées est le poids exact. Comme il avait besoin de faire bouillir pendant long-temps de l'eau dans un vase de verre, il pèse ce vase à des températures inégales, et s'assure que le poids n'est point le même, pour ces diverses températures : il n'en voit point la cause, que nous savons maintenant venir, de ce que le verre est hygrométrique, qu'il absorbe par conséquent l'humidité de l'air, et que sa surface se recouvre d'une quantité d'eau qui varie avec la température. Mais si Lavoisier ne découvre point la cause du fait dont il s'agit, il en déduit la nécessité de faire les pesées aux mêmes températures. Le vase dont il se servit, était un de ceux qu'on désignait sous le nom de *pelican*, espèce d'alambic dont la partie supérieure communiquait avec la partie inférieure, de manière que la vapeur d'eau, condensée à la partie supérieure, redescendait pour être soumise à une nouvelle distillation, par un cercle non interrompu. Lavoisier prend une certaine quantité d'eau, la pèse, l'introduit dans son pelican, pèse le tout et ferme le vase. Là, nous le voyons encore, par une de ces applications d'une persévérance qui ne s'est jamais démentie, nous le voyons pendant 101 jours, distillant continuellement cette eau, et la faisant sans cesse circuler dans l'intérieur du vase, jusqu'à ce qu'il puisse juger que l'expérience est assez avancée pour donner un résultat certain. Il pèse alors à la fois le vase et ce qu'il contient, et trouve que l'ensemble n'a point changé de poids. Il démonte l'appareil, pour peser successivement le vase et l'eau, il trouve que le vase a perdu 17 grains de son poids, que l'eau a augmenté de densité, qu'elle est devenue trouble, et que son poids est devenu plus fort de 20 grains. Donc, l'eau renfermait 20 grains de substances étrangères; et comme le vase n'avait perdu que 17 grains, un esprit moins hardi que celui de Lavoisier se serait arrêté à cette circonstance et aurait dit : Le vase a perdu quelque chose de son poids, et cette perte est représentée par une portion de l'augmentation de l'eau; mais pour expliquer le reste de cette augmentation, il faut nécessairement qu'une partie de l'eau se soit convertie en terre. Pour Lavoisier, au contraire, cette augmentation de trois grains prouve, que l'eau ne s'est point convertie en terre, et dans cette conséquence vous le trouvez déjà tel qu'il se présentera toujours par la suite. Pour lui, cette augmentation de poids a dû venir nécessairement de quelque accident qui aura troublé l'expérience, et il est conduit à cette conséquence, parce que dans le cours des nombreuses expériences qu'il a dû faire pour reconnaître l'exactitude de sa balance, il a acquis la certitude que, dans les réactions les plus obscures rien ne se perd, rien ne s'ajoute; le poids des matières employées au commencement d'une expérience se retrouve à la fin.

La balance est devenue entre ses mains, permettez-moi cette expression, un réactif dont il ne s'est jamais écarté: aussi voyez-vous Lavoisier, peu de temps après, fonder les premières idées de sa théorie sur l'application de cet instrument. C'est en 1772, date que lui-même a pris soin de nous conserver, le 1er novembre, avant la découverte de l'oxigène, avant la plupart de ces grands travaux dont j'ai essayé de vous retracer l'histoire dans la dernière séance, qu'il établit dans un Mémoire adressé à l'Académie des Sciences, les faits dans lesquels on aperçoit tout de suite, le point de départ de la théorie qui l'a illustré. Dans ce Mémoire il dit: « Depuis quelques jours j'ai découvert que le soufre, en brûlant, donne naissance à un acide en augmentant de poids, que le phosphore en brûlant, donne naissance à un acide en augmentant de poids. J'ai découvert aussi que cette augmentation de poids est accompagnée d'une certaine fixation d'air. Je pense de plus que, quand les métaux sont calcinés, ils augmentent également de poids, et qu'il y a également alors fixation d'air, et par une preuve que je puis regarder comme une vérification certaine, je puis démontrer immédiatement qu'il en est ainsi. En effet, si je prends une chaux métallique, que je la calcine avec du charbon en vaisseaux clos, au moment où cette chaux, l'oxide du plomb, par exemple, se change en plomb métallique, on voit reparaître l'air qui s'est fixé lors de la calcination, et on peut recueillir un produit gazeux. »

Ainsi, dès 1772, à une époque où les travaux avaient à peine été dirigés vers l'étude de la chimie, il établit nettement la pensée que les corps en brûlant augmentent de poids, par suite d'une combinaison, d'une fixation d'air, et qu'on peut ensuite faire reparaître cet air sous une forme quelconque. « Cette découverte, dit Lavoisier, » me paraît une des plus intéressantes qu'on ait » faite depuis Stahl.» Cette prévision, qu'il émettait dès cette époque, ne l'a point trompé et s'est trouvée vérifiée par la suite de ses travaux. Ainsi donc, vous voyez que dès 1772, Lavoisier possédait déjà l'idée sur laquelle ses travaux se sont appuyés, et il y a été conduit par cet emploi de la balance que lui seul connaissait; car avant Lavoisier les chimistes ignoraient l'art de peser. Dès cette époque, Lavoisier sait donc déjà que la combustion est due à une fixation d'air, que cette fixation est accompagnée d'un changement de poids dans le corps qui brûle, et déjà sous ce rapport Lavoisier était extrêmement avancé, les idées qu'il émettait ne pouvaient évidemment pas être comprises.

Un mot sur Lavoisier que je vous présente au début, pour ainsi dire, de ses travaux; un mot pour vous faire comprendre comment il s'était préparé à ces travaux, quelle était la direction de son esprit, quelle était la tournure générale de ses idées. Je crois cette explication nécessaire. Il est utile véritablement, quand un homme a marqué à un si haut degré dans les sciences, de se rendre compte des moyens qu'il a mis en usage pour en arriver à ce point. Il est nécessaire aussi, de faire voir qu'un homme, si grand maintenant pour nous, participe cependant de l'humanité dans quelques-unes de ses faiblesses, car Lavoisier, malgré ses perfections, nous présentera de temps en temps quelques petits écarts, peu nombreux à la vérité, mais que nous devrons signaler, pour montrer que Lavoisier tenait encore à l'humanité par quelques points.

Lavoisier, qui pour moi est le plus grand homme que la France ait produit, Lavoisier est né à Paris le 16 août 1742, quelques mois par conséquent après Schéele. Son père, qui possédait une fortune assez considérable acquise dans le commerce, eut le bon esprit, après l'avoir placé au collége Mazarin, où il fit des études brillantes, de voir qu'il avait un goût extrêmement prononcé pour les sciences, et que d'ailleurs il avait une raison tout-à-fait au-dessus de son âge; il lui abandonna entièrement l'emploi de son temps, et lui laissa suivre ses dispositions naturelles, au lieu de lui fixer un état et de lui créer ainsi une routine d'existence. Il le livre à sa propre inspiration, à un âge où l'imagination a le plus d'activité. Aussi le voyons-nous se livrer aux études scientifiques de la manière la plus profonde ; il étudie l'astronomie auprès de l'abbé Lacaille, il vient étudier la botanique auprès de l'illustre Jussieu, qui, alors, professait avec tant d'éclat ; il veut étudier la chimie, et Rouelle, qui professait à cette époque, fut choisi pour lui servir de maître. Pendant un moment Lavoisier fut incertain sur la position qu'il devait prendre. Ses études réussissaient également, dans les mathématiques et dans les sciences naturelles. Près de lui était un homme ardent qui s'était mis à la tête d'une vaste entreprise, c'était Guettard, auquel on doit les premières études minéralogiques en France, et le premier qui ait commencé à former la carte géologique de la France. Guettard inspire à Lavoisier le désir de s'occuper de géologie, et en effet, nous avons quelques Mémoires de Lavoisier sur cette science, qui datent évidemment de cette époque, et qui sont le début de ses écrits scientifiques. Ces travaux sont de 1767.

A cette époque, l'Académie propose un prix pour celui qui présentera le meilleur Mémoire, sur les moyens d'éclairer la ville de Paris. Lavoisier voulut s'occuper de ce travail, et vous trouvez alors dans cet homme, jeune encore, puisqu'il n'avait que ving-quatre ans, vous trouvez, dis-je, une de ces actions dans lesquelles se manifeste, ce caractère ferme et décidé qui ne recule devant aucune difficulté. Après avoir fait quelques expériences, il s'aperçoit que sa vue manque de la délicatesse nécessaire, pour mesurer l'intensité des diverses espèces de lumières ; en conséquence, il fait préparer une chambre obscure où il s'enferme pendant six semaines, et au bout de ce temps il obtient un succès complet. Sa vue, privée si long-temps de la lumière du jour, avait acquis une sensibilité exquise, de manière que les moindres différences ne lui échappaient plus. Vous retrouvez encore ce même caractère, dans une démarche qui le fit remarquer dans le monde. Sa famille occupant une position honorable, il avait été obligé de se lancer dans le monde; mais ces distractions continuelles le fatiguaient; en conséquence il s'en exile tout-à-fait, mais le défaut d'exercice devient nuisible à sa santé; ses digestions s'altèrent. Nous voyons alors Lavoisier vivre pendant plusieurs mois en se bornant à du lait pour toute nourriture, afin de pouvoir continuer les travaux qu'il avait entrepris et conserver cette vie, sur laquelle il avait compté pour les continuer. Là, comme partout, Lavoisier se montre un homme calme qui prend une décision, la suit jusqu'au bout, sans se laisser arrêter par les obstacles qui peuvent se présenter. Lavoisier enfin, car après l'avoir suivi pendant la partie de sa vie que nous venons de considérer, nous l'avons ramené au moment où il écrivait ces deux Mémoires dont j'ai donné l'analyse, Lavoisier, qui dans ces deux Mémoires, avait pris tant de précautions pour arriver à la solution du problème qu'il s'était proposé, Lavoisier, que vous venez de voir dans des circonstances moins importantes, prendre un parti arrêté, n'hésita plus davantage, il vit qu'il devait s'appliquer tout entier à refaire une science, qui n'existait encore que de nom, la chimie. Mais, il vit en même temps que pour arriver à ce but, il fallait une grande fortune pour disposer libéralement de tout ce qui serait nécessaire, et payer les artistes qu'il emploierait à confectionner les instrumens, il vit alors une existence à organiser comme un général d'armée organise un plan de campagne.

Alors, vous le voyez tout-à-coup chercher dans les finances, une place qui puisse lui procurer le revenu qui lui sera nécessaire; il parvient à obtenir une place de fermier-général. Il se marie à Mlle Paulze, qui elle-même était fille d'un fermier-général. Sa fortune étant ainsi devenue considérable, il crut pouvoir consacrer une portion de son revenu, qui vous paraîtra très-forte, à ces études, à ces travaux de chimie, dont il prévoyait qu'il allait s'occuper. On a trouvé après sa mort une note exacte de toutes les dépenses auxquelles il s'est livré pour les expériences dont il s'est occupé durant sa vie ; car Lavoisier était un homme d'ordre qui tenait son livre de laboratoire, qui tenait note de toutes ses dépenses, comme il tenait ses caisses de fermier-général. Dans son livre de laboratoire on trouve toujours à peu près les mêmes dépenses, 6,000 francs au moins, 10,000 francs au plus chaque année. Lavoisier avait donc raison de chercher une position qui lui permît d'arriver à un tel résultat. Tous les matins, il donnait quelques heures à la chimie et le reste de la journée il le passait à s'acquitter en homme de conscience de la charge qu'il s'était imposée. Mais le dimanche, jour consacré au repos, était un jour de bonheur complet, il ne sortait pas de son laboratoire, et là, avaient lieu ces réunions dont nos pères nous ont conservé le souvenir.

Le dimanche, il recevait avec une bienveillance sans pareille tous les jeunes gens, qui avaient des idées de chimie et qui pouvaient profiter de sa conversation ; là, il attirait autour de lui tous les savans de son époque, soit qu'ils habitassent Paris ou que ce fussent des savans étrangers qui ne s'y trouvaient qu'en passant ; alors s'établissaient des conférences, des discussions, sur les points délicats des sciences qu'ils étudiaient. Il y attirait aussi tous les artistes, dont le génie pouvait créer quelque chose d'applicable à la confection des instrumens de chimie. C'est dans ces conférences savantes que vous voyez se réunir les Laplace, les Fourcroi, les Guiton Morveau, en un mot, tous les savans du temps y sont venus payer leur tribut d'admiration à Lavoisier. En quelques mots il exposait ce dont il s'agissait, réunissant à la fois le calme, l'esprit logique, l'art d'expérimenter poussé à un degré que jamais personne n'a surpassé depuis. En reportant un moment les yeux sur l'existence de Lavoisier comme fermier-général, vous concevrez sans peine, car un exemple de cette espèce s'est passé sous vos yeux, que Lavoisier ayant déjà quelque réputation, appartenant déjà à l'Académie des Sciences, qui l'avait reçu plutôt sur ses espérances que sur ce qu'il avait déjà fait, dut, en acceptant une place de fermier-général, exciter beaucoup de murmures contre lui : « C'est un jeune homme plein d'espérance, » s'il se jette dans la finance il est perdu pour » les sciences, il ne produira plus rien.» Et quand Lavoisier faisait quelques découvertes, on disait : « S'il n'était pas fermier-général il ferait bien » davantage. » Il est besoin de le justifier de ces reproches, de prouver que Lavoisier comme fermier-général, a fait tout ce qu'il faut faire pour se montrer un homme supérieur, et que Lavoisier comme chimiste, n'a rien eu à redouter des occupations auxquelles il devait se livrer comme fermier-général.

A peine Lavoïsier est-il entré dans le corps des fermiers-généraux, que les savans le blâment, en même temps que les fermiers-généraux le regardent comme un être nul, un homme qui n'arrivera jamais à connaître ce qu'il faut connaître dans cette position. Mais au bout de quelque temps, c'était lui, que dans les consultations, ils écoutaient avec le plus de respect. C'est par lui, que vous voyez émettre pour la première fois, une idée dont aujourd'hui l'économie politique s'est emparée, C'est lui qui, un des premiers, parmi les fermiers-généraux, a fait voir qu'en abaissant l'impôt, on pouvait quelquefois gagner davantage, que l'impôt produisait davantage quand il était léger. Dans d'autres circonstances, il fait supprimer certains impôts odieux, comme l'impôt sur les Juifs, qui en ont gardé le souvenir avec reconnaissance. Vous voyez apparaître à cette époque, une commission des poudres et salpêtres à laquelle il appartient bientôt, et c'est à lui qu'on doit l'abolition d'un usage qui vexait considérablement les propriétaires, l'usage de pénétrer de force dans les maisons, d'enlever les terres qui se trouvaient dans les caves pour exploiter le nitre qu'elles contenaient : il fit voir qu'on pouvait s'en passer, et quadrupler la production en abandonnant ce moyen de vexation. On lui doit encore d'avoir amélioré la fabrication de la poudre, et c'est dans ses études de chimie qu'il puisait ces perfectionnemens. Nous voyons, en 1787, Lavoisier, nommé membre de l'assemblée provinciale d'Orléans ; en 1790, il est nommé membre de la commission des poids et mesures. Et certes, si sa vie n'avait point été tranchée avant l'heure, ses travaux eussent été d'un grand secours lors de la création des nouvelles mesures, et ses conseils eussent donné le moyen de faire pénétrer plutôt dans l'esprit du peuple, les résultats de ces grands travaux, résultats qui se sont peut-être trop écartés des anciennes méthodes. Enfin, pour prouver d'un seul mot ce que Lavoisier a été dans cette partie de sa carrière, en 1791, il a écrit un ouvrage sur la richesse territoriale de la France, ouvrage extrêmement estimé des publicistes et dont la convention décréta l'impression.

Si Lavoisier n'a négligé aucun de ses devoirs comme homme public, comme savant trouverons-nous qu'il ait manqué à sa mission? le résultat l'absout d'avance; mais il est peut-être utile de parcourir quelques détails de cette mission. Vous verrez à quel point ce grand homme a su se multiplier à mesure que les circonstances l'exigaient. Si vous prenez les Mémoires de l'Académie des Sciences à partir de 1772, et que vous les parcouriez jusqu'à 1786, époque où je m'arrêterai, si vous parcourez, dis-je, ces 14 années, vous trouvez au moins quarante Mémoires relatifs à l'établissement de sa doctrine. En outre de ces quarante Mémoires, vous voyez Lavoisier faire partie de toutes les commissions, chargé de faire tous les rapports difficiles ; vous voyez Lavoisier se livrant tout entier aux recherches de chimie que l'occasion commande, les plus faciles comme les plus arides, les plus agréables comme les plus dégoûtantes. En même temps que Lavoisier s'occupe avec tant d'ardeur de sa doctrine nouvelle, de sa doctrine sur la chaleur qui exige tant d'expériences délicates, vous le voyez se livrer à un travail dont aucun de nos chimistes ne voudraient se charger. Ce travail avait pour objet de reconnaître la nature des gaz qui se dégagent à l'ouverture des fosses d'aisance, et de porter aide à ces malheureux ouvriers qui périssaient asphyxiés par ces gaz ou brûlés par suite de leur explosion. Lavoisier se livra à ce travail si dégoûtant, pendant plusieurs mois, par de simples vues d'humanité, car il n'en espérait rien autre chose que d'avoir sauvé la vie à des malheureux. Parmi les divers travaux de Lavoisier publiés durant cette période, il en est quelques-uns qui ont plus d'importance; mais ce sont surtout ceux de l'année à laquelle je m'arrête qui en présentent le plus. Vous remarquerez que sous le rapport du nombre, il y a des années dans lesquelles ces Mémoires sont très nombreux, d'autres dans lesquelles il semble que Lavoisier se repose. Ainsi, l'année 1779 est remplie de ses Mémoires, les années 1781, 1782 en sont encore remplies, à tel point que les volumes de l'Académie ne peuvent les contenir et qu'on est obligé de dire : « Cette année M. Lavoisier a présenté tant de Mémoires qu'il a été impossible de les imprimer. » Mais ce ne sont point là les années dans lesquelles vous voyez apparaître les plus grands travaux. Les Mémoires, dans lesquels un travail consciencieux et sévère se manifeste se rencontrent presque toujours dans des années précédées par quelque temps de repos. Si une année se présente sans Mémoires, vous êtes assurés que l'année suivante vous en verrez paraître un du plus grand intérêt. C'est ainsi que, quand vous voyez arriver son magnifique Mémoire sur les chaleurs spécifiques, dans lequel il montre la quantité de chaleur développée dans la combustion, dans l'acte de la respiration, on voit que Lavoisier a eu l'air pendant quelque temps de se reposer. C'est qu'il lui a fallu le temps nécessaire pour combiner les expériences préparatoires, et arriver à exécuter les expériences fondamentales.

Lavoisier ne peut être jugé comme savant sans établir une division parmi ses travaux. Ils sont de deux espèces, inséparables quant au fond, mais distinctes par leur nature et qui méritent d'être séparées. Les premiers de ces travaux sont la collection des Mémoires ayant la chimie pour objet; dans ces Mémoires vous voyez Lavoisier agir avec une extrême prudence, une excessive réserve. Il commence par établir que, les corps en brûlant augmentent de poids en absorbant de l'air, puis il dit : « Le phlogistique n'est peut-être point nécessaire pour expliquer les phénomènes. » Cette pensée arrive là, en quelque sorte en passant et sous forme de doute. Eh bien ! en parcourant le reste des ouvrages de Lavoisier on voit, que ce phlogistique dont il n'a parlé que d'une manière évasive, il n'en est plus question, il ne l'admet plus. Et pendant 7, 8, 10 ans, il raisonne comme si jamais on n'avait parlé de phlogistique. On dirait (et il y a bien quelque chose de semblable) qu'il ne veut point avoir une querelle directe avec personne, il veut que la vérité s'établisse sur des faits et non sur les discussions d'une polémique. Ainsi, il continue de raisonner comme s'il n'y avait plus de phlogistique; il se contente de ramasser des faits, il les observe avec soin et prouve que ces faits peuvent s'expliquer sans qu'il soit nécessaire d'y faire intervenir cet agent. Ce n'est qu'au bout de 10 ans, quand tous ces faits ont été analysés, quand il en a obtenu tous les résultats, quand il a groupé les faits, quand il a rassemblé tous les raisonnemens qu'il a dû faire durant tout le cours de ses travaux, qu'il saisit au corps le phlogistique, qu'il le presse de conséquence en conséquence, de manière à le renverser à tout jamais. Après avoir commencé en 1772, ce n'est qu'en 1781 qu'il se livre à cette discussion, jusque là il semble céder : c'est qu'il n'avait point encore prononcé toutes les paroles nécessaires pour faire voir la portée de sa doctrine. En parcourant les travaux de Lavoisier, qui ont pour objet la chimie pure et l'établissement de son système, il est impossible de ne point faire les remarques suivantes; qui montreront d'ailleurs, par les Mémoires même de ce grand homme, quelle était la nature de sa méthode et en quoi surtout, par la création de cette méthode, il a été réellement utile, je ne dis point seulement à la chimie, mais à toutes les sciences expérimentales. Quand donc on parcourt l'un après l'autre, les Mémoires de Lavoisier, on voit que le premier était nécessaire pour le second, que le second conduit au troisième, et qu'ainsi de suite tous ces Mémoires s'enchaînent, s'appellent les uns les autres. Et quand en partant des expériences, il viendra à raisonner, il le fera avec cette logique qu'il a puisée à l'école de Condillac, avec une logique tellement serrée, tellement bien établie, que tous les faits qu'il a découverts viennent prendre leur place dans son raisonnement, que tous les faits qui se découvrent à côté de lui, s'y viennent placer, et que tous ceux qu'on a découverts depuis, sont venus s'y ranger, sans qu'on ait pu apercevoir le moindre manque de continuité, preuve évidente de la vérité de sa théorie. Tous ces Mémoires ont entr'eux une filiation non interrompue, vous allez le voir par un aperçu rapide; je craindrais, en le faisant trop long, de vous empêcher d'aller vous-mêmes aux sources, de vous empêcher d'aller vous-mêmes lire les Mémoires originaux. Je vous donnerai seulement un aperçu, où vous verrez comment une science se fait, s'établit, à l'aide d'expériences de la plus grande simplicité.

Lavoisier commence par établir, car c'est à ce point que je prends la série de ses travaux, que, quand on place de l'étain dans un vase fermé et qu'on le calcine, une portion de l'air se fixe sur l'étain qui passe, par conséquent, à l'état d'oxide, permettez-moi d'emprunter ce mot à notre nomenclature pour expliquer le fait qui se passe dans cette expérience. Quand une fois l'étain sera arrivé à un certain degré d'oxidation, on a beau calciner plus long-temps, l'étain cesse d'absorber l'air, et il en reste une portion qui n'est plus absorbable. A cette époque Trudaine avait donné à l'Académie une lentille d'une grande dimension, qui était destinée à obtenir une chaleur intense par la concentration des rayons solaires; Lavoisier avait été chargé par l'Académie d'exécuter une série d'expériences à l'aide de cette lentille. Elle fut placée dans ce qu'on appelle aujourd'hui le Jardin de l'Infante, sur la façade du Louvre. Cette lentille fut pour Lavoisier une occasion de faire quelques expériences, qui n'ont pas beaucoup d'intérêt pour nous. Mais elle fut aussi l'occasion de quelques autres qui en avaient beaucoup dans son esprit ; je veux parler de la réduction de l'oxide de mercure par la chaleur. Une fois que Lavoisier sut qu'on pouvait parvenir à opérer la réduction de l'oxide de mercure, comme il savait d'ailleurs, qu'en chauffant doucement le mercure il y avait absorption d'un gaz, il voulut connaître la nature de ce gaz, et il fut conduit par la calcination du mercure à reconnaître le gaz oxigène. Il parait, dit-il tout de suite, que cette découverte a été faite en même temps par Priestley : mais quand même on parviendrait à prouver que Priestley avait découvert le gaz oxigène avant lui, la gloire de Lavoisier ne tient pas à avoir découvert un gaz de plus ou de moins. Mais ce que n'avaient point découvert les chimistes qui l'avaient précédé, c'est que cette décomposition de l'oxide de mercure présente un fait important, c'est que ce gaz qui existe dans l'oxide de mercure, était un gaz propre à entretenir la combustion, un gaz propre à la respiration. Dès ce temps, il propose pour désigner ce gaz le mot *oxygine*, générateur de l'aigreur, voulant peindre par ce mot ce qu'il avait vu dans la formation des acides du soufre et du phosphore. Mais après avoir adopté cette dénomination pendant quelque temps, il prit celle sous laquelle les autres chimistes le désignaient, et continua par la suite d'employer le mot qu'on avait adopté, toujours il le désigne sous le nom d'air vital. Car jamais Lavoisier ne cherchait à élever des discussions de mots et de forme, il évitait constamment ces polémiques qu'il aurait pu soutenir avec tant de supériorité, il se contentait de citer les faits et les laissait répondre pour lui.

Après avoir découvert l'oxigène, Lavoisier ne tarde point à faire une autre découverte extrêmement remarquable, celle par laquelle il établit que l'acide du soufre, du phosphore, et en général tous les acides, sont produits par la combinaison de l'oxigène avec un autre corps. Il établit cette assertion sur un certain ensemble de faits qui, comme il en fait lui-même la remarque, étaient tous des faits qui avaient été observés par Priestley. Mais tandis que Priestley n'en avait tiré aucune théorie, Lavoisier en fait sortir une théorie parfaite. Voici quelle est la nature de ces faits : Il avait vu que, quand on prend de l'acide azotique et qu'on le met en contact avec le mercure, il se forme un sel, et si l'on prend ce sel et qu'on le calcine au rouge, il se dégage des gaz où il reconnaît une vapeur rouge et du gaz oxigène; alors il dit : On peut donc regarder d'après cette décomposition, l'acide azotique comme étant un composé d'une vapeur rouge et de gaz oxigène ou d'oxide d'azote et de gaz oxigène; l'azote n'était point connu de Lavoisier, mais par cette expérience, il aperçoit deux choses, savoir, que quand on traite les métaux par les acides pour former des sels, ces métaux s'oxident, et de plus, que non seulement les acides dans lesquels il avait mis de l'oxigène, mais que ceux même où il n'en avait point mis, renfermaient de l'oxigène. C'est vers cette époque que, profitant des expériences et des découvertes qu'il a faites, vous voyez Lavoisier exécuter cette analyse de l'air qui est aujourd'hui si célèbre, et que tous les ouvrages élémentaires de chimie ont dû conserver comme un monument de sa sagacité. C'est en profitant de cette propriété reconnue au mercure de s'oxider à une température peu élevée, qu'il parvint à extraire l'oxigène de l'air et à isoler l'azote, et ensuite en mêlant l'oxigène et l'azote, il recomposa l'air qu'il avait décomposé. C'est cette analyse célèbre où il montre une délicatesse, une finesse de pensée dont rien n'approche, c'est, dis-je, cette analyse qui le met sur la voie d'étudier le phénomène de la respiration des animaux, et qui lui fait découvrir en même temps, que la respiration a pour résultat la production d'acide carbonique, et une absorption d'oxigène plus grande que celle qui est nécessaire pour produire l'acide carbonique qui s'est formé. A cette époque où la nature de l'eau n'était point encore connue, il ne pouvait dire qu'une seule chose, c'est qu'il y avait plus d'oxigène employé qu'il n'y avait d'acide carbonique formé. Une portion peut-être, se combine avec le sang pour lui donner sa couleur rouge, peut-être l'oxigène agit-il dans cette circonstance sur le sang comme il agit sur les métaux?... Nous avons vu qu'en chauffant l'étain en contact avec l'air, il se change en oxide, en absorbant de l'oxigène, pourquoi n'en serait-il point ainsi du sang? Pourquoi ne serait-ce pas en s'oxidant que le sang bleu passe au rouge? Et même dans l'état actuel de la science, pouvons-nous affirmer que les choses ne sont pas ainsi?...

A peine Lavoisier a-t-il trouvé la clé de ce qui se passe dans la respiration, qu'on le voit découvrir, par une analyse également savante, ce qui se passe dans la combustion des corps gras, de la cire, du bois, et il trouve qu'il y a formation d'acide carbonique, et disparition d'une certaine quantité d'oxigène, circonstances analogues à celles qu'il avait observées dans la respiration.

Ainsi, vous voyez à cette époque que toutes les expériences que fait Lavoisier deviennent des occasions de découvrir sa théorie. Bientôt il applique cette théorie à faire un Mémoire extrêmement exact et extrêmement savant sur une expérience, dont nous aurions peine à comprendre l'importance qu'il y attachait, sur la théorie de la préparation de l'acide sulfureux. Priestley venait de découvrir cet acide, mais il l'expliquait si mal, que Lavoisier crut nécessaire de prendre la balance en main; il montre que l'acide sulfurique perd une quantité d'oxigène égale à celle que prend le mercure pour se combiner avec cet acide en formant un sulfate.

Vous voyez ensuite Lavoisier chercher avec le plus grand soin, à rendre compte d'un phénomène d'une telle simplicité pour nous, que nous avons peine à comprendre qu'il ait jamais été nécessaire de l'expliquer, je veux parler de l'action des pyrites sur l'air humide. Il arrive à prouver, que, dans cette action, les pyrites absorbent l'oxigène de l'air, et qu'en même temps elles augmentent de poids. Il montre qu'il en est de même, pour la combustion du pyrophore de Homberg dont il donne la théorie exacte.

Enfin, Messieurs, Lavoisier (et c'est là un de ses plus beaux travaux), sentant toute l'importance de la composition de l'acide carbonique, qu'il voyait reparaître dans tant de phénomènes naturels, voyant que cet acide est le seuil de l'édifice qu'il veut construire, se livre à un travail ayant pour but de connaître la nature de cet acide. Et nous voyons, avec une surprise sans égale, qu'à cette époque, en combinant ensemble les divers procédés, les corrigeant l'un par l'autre, Lavoisier arrive à connaître si bien la composition de l'acide carbonique, que nous n'y avons trouvé rien à changer, et quand la théorie atomique a été trouvée, une connaissance plus approfondie a fait adopter les chiffres mêmes établis par Lavoisier. Ce mémoire est certainement un des plus beaux que Lavoisier ait laissés, un de ceux où l'on voit le mieux l'exactitude extrême de ce chimiste, comme opérateur et comme observateur.

Si l'on voulait avoir une idée du genre de raisonnement dont il fallait qu'il fît usage, il faudrait aller chercher Lavoisier quand il veut se rendre compte de la manière dont les métaux se dissolvent dans les acides. On pensait à cette époque que les métaux se dissolvaient immédiatement sans commencer par s'oxider. Et c'est avec un grand intérêt que, dans cette circonstance, on voit que cette idée était combattue par un esprit supérieur, le marquis de Laplace qui, le premier, soupçonna qu'en mettant un métal avec un acide et de l'eau, l'eau était décomposée, et que c'était là la cause du dégagement d'hydrogène. Il se rappelait l'expérience de Newton sur le pouvoir réfringent de l'eau, l'expérience qui l'avait conduit à penser que l'eau contenait quelque chose de combustible. Il voyait le gaz hydrogène se former dans un grand nombre de circonstances, et toujours dans ces circonstances il voyait la présence de l'eau. Il soupçonnait donc que l'hydrogène pouvait entrer pour quelque chose dans la composition de l'eau, et que ce fait pouvait être la cause de la dissolution des métaux dans les acides. Voilà la seule chose un peu importante que Lavoisier ait empruntée à un autre. Mais s'il fallait dire la part qu'a pris dans l'invention de cette idée, chacun de ces deux hommes qui se voyaient tous les jours, qui se partageaient mutuellement leurs connaissances, compensant ce qui manquait à l'un par ce que possédait l'autre; il serait difficile de juger maintenant, si Lavoisier lui-même n'avait pris le soin de rendre cette justice à Laplace. Il serait impossible de dire pour combien Laplace se trouve dans une idée aussi grande que celle-là.

Une fois que cette idée eût été conçue, Lavoisier arriva bientôt à connaître la composition de l'eau. Mais pendant qu'il s'occupe d'examiner la théorie exacte de la dissolution des métaux dans les acides, il ne néglige point d'examiner ce qui se passe, quand un métal en contact avec un sel en précipite un autre métal, et il vit qu'il pouvait trouver par là la quantité d'oxigène qui se combine avec ce métal ; il fit même un tableau qui en établissait les quantités. A la vérité, les résultats qu'on y trouve ne sont pas exacts, mais cela tenait à ce que la science n'était pas encore assez avancée pour un pareil travail. C'est à la suite de ce travail, après avoir fait ce tableau, que Lavoisier écrit un Mémoire où il cherche à prouver qu'après avoir parcouru un assez long cercle d'expériences, qu'après avoir fait un grand nombre d'épreuves, qui toutes ont donné les mêmes résultats, il s'est convaincu que dans toutes les expériences, la quantité de matière employée se retrouve toujours sous une autre forme, avec le même poids. Là-dessus il établit la possibilité de faire en chimie une espèce d'équation, dans laquelle, en mettant d'un côté toutes les matières employées, de l'autre côté toutes les matières produites, on aura toujours l'égalité dans les poids. Ne trouvez-vous point dans cette idée l'élément essentiel de ces équations atomiques que nous écrivons si souvent aujourd'hui, seulement, par suite des progrès de la chimie, nous avons dit des atomes ce que Lavoisier avait dit d'un poids quelconque. C'est toujours la même idée, le même point de vue.

Il reste toujours à Lavoisier la gloire évidente d'avoir dit que rien ne se perd, que rien ne se crée, que la matière reste toujours la même, qu'il peut y avoir des transformations dans la forme, mais qu'il n'y a jamais ni création, ni disparition de matière. J'emploie ces termes à dessein, ce sont ceux qu'il a employés lui-même dans cet écrit. Personne encore n'a présenté Lavoisier comme ayant inventé cette idée; cependant je crois pouvoir vous assurer que c'était là la chose à laquelle il attachait le plus d'importance. Mais si aujourd'hui il est clair que les idées de Lavoisier sur ce point étaient parfaitement justes, il ne l'est pas moins que ses autres idées, qui ont peut-être plus de réputation, sont d'une justesse qui ne le cède point à celle-ci.

Après avoir écrit les Mémoires dont je viens de vous parler, vous le voyez enfin publier celui qui couronne l'édifice, le Mémoire où il établit la composition de l'eau. Vous y voyez comment il avait été amené à reconnaître cette composition; vous y voyez comment il a eu l'idée que les métaux pouvaient décomposer l'eau, afin de donner naissance à des sels; comment il a été amené à penser qu'elle était composée de gaz inflammable, et comment ensuite il est conduit à faire une expérience fort simple, qui consiste à mettre sur du mercure, dans une cloche contenant de l'eau, de la limaille de fer, qui au bout d'un certain temps, est convertie en éthiops martial, ou oxide noir de fer. L'eau s'est trouvée décomposée, et du gaz hydrogène s'est dégagé; c'est là le premier fait qui soit relatif à la décomposition de l'eau. Il ne tarde point à se convaincre que cette expérience est beaucoup trop lente, et comme dès cette époque, on savait que la chaleur est un moyen d'augmenter l'activité des actions chimiques, il en conclut qu'en faisant passer la vapeur d'eau dans un tube rougi, la décomposition marcherait beaucoup plus vite. De là, l'expérience qui a pour objet de décomposer l'eau d'une manière complète, et de recueillir les élémens dont elle est formée. Il fait cette expérience comme à son habitude; il la fait d'une manière tellement précise, qu'il parvient à établir que, tandis que nous disons que l'eau se compose de huit d'oxigène contre un d'hydrogène, Lavoisier admet un peu plus de sept d'oxigène contre un d'hydrogène. Quelle légère erreur! Si vous essayez de vous en rendre compte, vous verrez tout ce qu'il a fallu de corrections sans nombre pour arriver à un tel résultat.

Dès lors, Lavoisier put étudier tous ces phénomènes compliqués, qu'il n'avait d'abord pu qu'ébaucher. Il put se rendre compte de ce qui se passe dans la respiration, dans la combustion; partout, enfin, où il y a formation d'eau. La lumière se fait pour lui, Il reprend tout ce qu'il a fait; toutes les anomalies qui l'ont arrêté autrefois, ne l'arrêtent plus; il en voit la cause, il en voit la nature : « Il s'était perdu tant de gaz, » il s'était fait tant d'eau; j'avais eu tort de n'y » point faire attention, j'étais conduit à cette con» clusion. »

C'est ainsi qu'il est amené à connaître la nature des corps organiques, à connaître qu'ils contenaient de l'hydrogène, de l'oxigène et du carbonne, élémens auxquels plus tard Bertholet ajoute l'azote, principalement pour les matières de nature animale. C'est ainsi que Lavoisier s'est trouvé conduit à imaginer la méthode propre à exécuter l'analyse des substances organiques, en les brûlant avec une quantité déterminée d'oxigène.

Mais, ce n'est point au terme de sa gloire que nous devons l'abandonner, pour donner une idée juste de ses travaux. Après s'être montré avec tant d'éclat comme expérimentateur, il se montre encore à nous sous un autre point de vue. Vous le verrez reparaître sur une autre scène, en qualité d'écrivain, dans l'ouvrage qui nous est resté de lui, qui a pour objet les bases de la nomenclature actuelle. Vous le voyez encore paraître en cette qualité, dans la création de son traité de chimie, ouvrage si remarquable, dans lequel en deux petits volumes il parvient à établir, en ne négligeant aucuns détails, les bases de la science comme il les concevait; dans lequel il établit ces bases avec un style si vivant, si limpide, si transparent, qu'il efface tous les ouvrages qui l'ont précédé d'une manière qu'on pourrait dire nuisible. Car pendant la période qui a suivi Lavoisier, vous voyez tous les ouvrages qui lui sont antérieurs tombés dans un abandon qu'on ne saurait peindre. La science ne date que de Lavoisier, ce n'est que dans Lavoisier qu'on étudie la chimie, cependant avant lui, bien des faits avaient été observés, mais ces observations se trouvaient tellement effacées par la simplicité des résultats obtenus par Lavoisier, que la lecture des ouvrages antérieurs était devenue intolérable à ceux qui avaient étudié dans Lavoisier. Dans ce traité de chimie, comme je le disais tout-à-l'heure, Lavoisier se présente comme un écrivain d'un style très remarquable; c'est ce style mobile, ce style simple et clair qui convient à la science. On reconnait partout cet élève de

Condillac qui s'honore de son maître, ce logicien parfait qui n'emploie jamais un seul mot, que quand il en a vu la liaison nécessaire avec la chose dont il parle. On n'y trouve aucune idée, sans qu'elle ne se trouve parfaitement en harmonie avec celle qui précède et avec celle qui doit suivre. C'est le même ordre qu'on rencontre dans l'exposition de la nomenclature chimique, ouvrage que vous trouvez maintenant sur les quais, chez tous les bouquinistes, et qui a eu un sort bien audessous de son mérite, c'est qu'aujourd'hui la nomenclature est passée dans le langage. Cet ouvrage est une grammaire dont personne n'a besoin. Ouvrez ce livre, vous y trouvez un des écrits les plus curieux, où l'on examine la nature et la formation des langues, et leur liaison avec la nature des choses qu'elles expriment; et sous ce point de vue, je ne crains point de le dire, ce morçeau est un de ceux qui font le plus d'honneur à la plume de Lavoisier, considéré comme écrivain et comme penseur.

Si maintenant vous laissez de côté les travaux chimiques de Lavoisier, nous aurons encore à vous le représenter sous un point de vue qui n'a pas moins d'importance; je veux parler de Lavoisier physicien. Ne vous attendez pas que, sortant de mon objet, j'aille chercher ceux de ses travaux qui concernent la physique pure, s'il ne s'était occupé que de travaux de ce genre, je laisserais aux physiciens le soin d'en faire connaître le mérite. Mais il s'est occupé de la chaleur d'une manière tellement importante, tellement nécessaire à l'établissement de son système, qu'il m'est imposible de ne point analyser le genre d'idées sur lesquelles il s'est appuyé.

Dans ces travaux, Lavoisier commence par établir que la chaleur peut avoir pour cause un fluide impondérable, et que ce fluide se présente sous deux formes : tantôt il est libre, et alors il est dans un état de mouvement continuel, il tend à se mettre en équilibre dans les corps qui avoisinent celui qui le renferme; tantôt combiné et en repos. Quand il est libre, sa présence se révèle par son action sur le thermomètre; mais quand il est combiné, le thermomètre devient insensible à son action. Il établit cette idée générale par un tableau, ou plutôt un résumé des faits connus jusqu'alors, et partant de là, il établit, dans un Mémoire qu'il écrit sur ce sujet, cet ensemble de lois qui constituent les recherches chimiques auxquelles il a attaché son nom. « Il y a, dit-il, la » même différence entre le calorique libre et le » calorique combiné, qu'entre l'eau combinée » avec un corps et l'eau qui sert à faire une dis- » solution; et de même que, quand l'eau est com- » binée avec un corps, si je m'empare de ce corps, » je mets l'eau en liberté, de même aussi, je puis » faire reparaître le calorique combiné dans di- » verses circonstances que je veux étudier. » Et en effet, dans un premier travail, il nous fait voir que quand un corps se transforme en vapeur, il absorbe toujours une grande quantité de chaleur; que l'eau, l'alcool, l'éther en exigent une grande quantité. Il fait voir que cette absorption est d'autant plus remarquable que l'évaporation est plus rapide; que si l'on met de l'eau dans le vide de la machine pneumatique, alors l'évaporation étant très rapide, le refroidissement sera tel qu'une portion du liquide se trouvera congelée. Ainsi, les vapeurs sont des corps qui sont passés à l'état de gaz ou fluides élastiques, en absorbant une grande quantité de chaleur. Cela posé, il veut faire voir, d'une manièretout-à-fait décisive, que les vapeurs sont absolument de la même nature que les gaz, conclusion qu'à la rigueur on n'eût pu tirer des expériences dont nous venons de rendre compte, puisque les vapeurs ne se voyaient point; il imagine, pour le prouver, des procédés extrêmement ingénieux. Il fait voir qu'au moyen d'une cuve remplie d'eau, il peut obtenir de l'éther de la même manière qu'il obtenait un gaz, et qu'il suffit que cette eau et la cloche dans laquelle il le recueille, soient maintenues à une température de 45 degrés; que par conséquent, si l'éther n'est point gazeux dans les circonstances actuelles, c'est que la température est un peu trop basse. Il prouve le même fait pour l'alcool et pour la vapeur d'eau, au moyen d'un bain d'huile, à l'aide duquel il peut recueillir ces vapeurs comme il recueillait les gaz, et les transvaser de la même manière; et par conséquent, si la température de la terre était de 100 degrés, l'eau existerait à l'état de fluide élastique, il n'y aurait plus de mer, l'eau ferait partie de l'athmosphère. Ainsi, les vapeurs sont des gaz ou quelque chose qui revient au même, car en pressant un peu les conséquences, on est naturellement conduit à cette conclusion : les gaz ne sont autre chose que des corps primitivement liquides ou solides, réduits en vapeurs, ou qui, en d'autres termes, par leur combinaison avec le calorique, ont pris l'état gazeux. Ainsi, quand je prend du gaz oxigène et que je le combine avec un corps quelconque, et que ce corps, en se combinant avec lui, le solidifie, le gaz oxigène perd la chaleur qui, combinée avec lui, le maintenait à l'état de gaz; et cette chaleur qui se perd et se dissipe pourra expliquer tous les phénomènes de la combustion. C'est par suite de cette marche de raisonnement qui ne laisse rien en arrière, c'est par suite de cette remarque, que Lavoisier arrive à sentir la nécessité d'étudier ces phénomènes, et qu'il invente avec Laplace, le calorimètre qui porte son nom, et à l'aide duquel il mesure la chaleur spécifique des principaux corps. C'est par cette même méthode qu'il explique, car c'est à lui que cette découverte est due, les phénomènes de la respiration et de la chaleur animale, en faisant voir que non seulement, il y de l'oxigène d'absorbé dans la respiration, mais encore que la chaleur animale était représentée, à peu près, par la quantité de chaleur qui est mise en liberté pendant la combustion du charbon qui est brûlé dans cette circonstance.

Tel est, Messieurs, l'ensemble de ses travaux, tels sont les résultats auxquels il est parvenu, résultats dont il a donné une idée générale extrêmement précise, dans les élémens de chimie qu'il a laissés. Si nous voulions l'examiner d'une manière générale, le comparer avec les hommes dont je vous ai entretenu dans la dernière séance, nous serions conduits à un parallèle extrêmement curieux ; mais l'heure avancée ne me permet point d'entrer dans ces détails : je me borne seulement à faire observer l'extrême différence qui existe entre Priestley et Lavoisier. Priestley, et je prends ici ses propres expressions, Priestley vous dit toujours : « Plus je découvre de faits, moins je les comprends. » C'est pour lui une des nécessités des sciences expérimentales. Plus il avance, plus tout s'embrouille autour de lui. Au contraire, plus Lavoisier découvre de faits, plus il les comprend. Chaque découverte qu'il fait, sert à aplanir quelque difficulté qui restait encore. Tous les faits qu'on découvre autour de lui, servent à compléter quelque raisonnement resté imparfait. C'est en effet le propre d'une théorie générale vraie, que non seulement elle permet d'expliquer ce qu'on sait, mais encore ce que l'on apprend et que l'on laisse à apprendre aux autres. Lavoisier possède cette théorie, Priestley ne la possédait point. Bien des gens qui raisonnent comme Priestley, se trouvent encore dans la science, et ceux qui raisonnent comme Lavoisier sont rares. Aujourd'hui comme alors, demain comme aujourd'hui, vous trouverez des hommes qui diront : Plus je découvre de faits, moins je les comprends, et d'autres plus rares qui disent : Plus je découvre de faits, plus ils raffermissent mes opinions.

Si maintenant, après avoir considéré Lavoisier,

vous voulez considérer le siècle qu'il a rempli de sa réputation, vous serez obligés de vous renfermer dans cette époque où Priestley et Schéele s'étaient renfermés. C'est une chose bizarre de voir que, depuis 1772, tous les faits importans de la théorie de Lavoisier avaient été découverts, que cette théorie acquérait chaque année une nouvelle certitude, et qu'en 1783 Lavoisier était le seul de son opinion. Le seul, je me trompe, Laplace la partageait, mais parmi les chimistes, aucun ne s'était prononcé en sa faveur. Vous serez surpris en voyant à l'époque dont je parle, époque où la théorie de Lavoisier était complète, époque où ses idées étaient développées avec une clarté qui ne laissait rien à désirer, en voyant, dis-je, dans l'histoire de l'Académie des Sciences, dans ces petits résumés que les secrétaires ont l'habitude d'écrire à la tête de chaque volume que l'Académie publie, le secrétaire chercher à échapper à la nécessité d'avoir l'air de partager les idées qu'il rapporte. Il cherche bien à expliquer les idées de *Monsieur Lavoisier*; mais on peut voir en même temps qu'il a besoin de tous les détours du style pour éviter de se prononcer pour ces idées. C'est peut-être le propre de toutes les Académies de se prononcer avec réserve, mais il me semble que dans ce cas, le secrétaire de l'Académie a dépassé la permission. Lavoisier était donc en France sans aucun appui, à l'étranger personne ne partageait ses opinions. Bergmann qui vivait encore lui faisait des objections telles, qu'en vérité on a peine à les comprendre. En Angleterre personne n'était de son avis.

En 1786, Fourcroi en exposant la théorie de Stahl sur le phlogistique, consent à faire entrer en même temps celle de Lavoisier dans son enseignement. A cette même époque, Bertholet commence à écrire en employant cette même théorie. En même temps, Guiton de Morveau, présentait la nouvelle nomenclature en l'appliquant aux idées du phlologiste. Lavoisier, après quelques discussions, finit par le convaincre d'une manière complète, et en obtint que la nouvelle nomenclature serait faite d'après les idées de sa propre doctrine. Cela entraîna l'opinion de tous les jeunes gens qui se livraient aux études de la chimie, en leur donnant une théorie facile qui plaisait à leur esprit, au lieu d'une chimie obscure, embarrassée, qui ne leur expliquait rien.

Mais, le temps des tribulations n'était point terminé pour Lavoisier, car vers l'époque où sa théorie commençait à devenir une puissance en chimie, on va déterrer un ouvrage où cette théorie se trouvait présentée dans ce qu'elle avait d'essentiel. C'est là une chose dont nous sommes journellement témoins. Quand on annonce une chose nouvelle, il se trouve certains esprits qui disent: Ce n'est pas vrai, et quand on leur a prouvé que cette chose est vraie, ils disent : Ce n'est point nouveau; et ils le prouvent facilement, car il est toujours possible, en consultant les anciens documens, d'y trouver une pensée quelconque qui se rapproche plus ou moins des opinions qu'on attaque. C'est ce qui est arrivé pour Lavoisier. En 1530, époque où Salomon de Caux faisait ses expériences sur la vapeur d'eau, un autre homme, Jean Rai, médecin Périgourdin, avait écrit quelques essais sur la cause de l'augmentation de poids des métaux qu'on calcine. Cette augmentation de poids était connue dès les commencemens de la chimie, dès le VIIIe siècle ; on savait que par la calcination les métaux augmentent de poids, et à cette époque Gheber en avait connaissance; mais personne n'en avait pu donner l'explication. Jean Rai l'explique, en prouvant par le raisonnement et l'expérience, que les métaux qu'on calcine augmentent de poids parce qu'ils s'emparent d'une certaine quantité d'air. Il serait trop long de le suivre dans la manière dont il établit cette opinion; mais je dois vous dire que l'ouvrage de Jean Rai démontre qu'il entendait parfaitement la nature de la calcination des métaux, surtout quand on vient à comparer son explication avec celles qui étaient présentées par ses contemporains, et qui étaient d'une absurdité telle que j'aurais peine à le peindre. Mais Jean Rai était inconnu à Lavoisier. Comment voulez-vous qu'il en fût autrement? Il n'existait de cet ouvrage que deux exemplaires, dont un seul était complet et fut retrouvé dans une bibliothèque publique, la grande Bibliothèque du Roi. Mais il fut réimprimé à cette époque, et répandu avec profusion par les personnes qui voulaient prouver que Lavoisier avait emprunté à cet ouvrage le fonds de ses idées. Mais Lavoisier n'avait véritablement pas été puiser dans ce livre les principes de sa théorie. Il avait réellement découvert l'augmentation de poids des métaux pendant leur calcination, et non seulement il avait découvert cette augmentation de poids, mais il en avait découvert la cause. Et, de plus, il avait découvert, et c'est là le point sur lequel j'insiste surtout, que dans toutes les opérations de la chimie, on devait retrouver ce qu'on y avait mis. C'est là la découverte fondamentale d'où découlent toutes les autres. Et s'il arrive à expliquer comment se passent tous les phénomènes de la chimie, c'est parce que, la balance en main, il a pris tous ces phénomènes, en a examiné les divers produits, a vu tout ce qu'il employait et tout ce qui se formait : méthode dont la chimie est fière, et qu'elle n'abandonnera certainement jamais.

Après avoir montré ce que Lavoisier était devenu comme savant, quels ont été les services immenses qu'il a rendus à la science, il me reste à remplir une tâche bien douloureuse, il me reste à vous montrer comment cette vie si belle, si pure, fut brusquement tranchée. Vous ne pouvez vous faire une idée de l'émotion qu'on éprouve quand, après avoir parcouru, comme je viens de le faire, le genre des travaux auxquels il se livrait, quand on l'a vu dévouer constamment son existence aux sciences et au bien public, vous ne pouvez vous faire une idée de l'émotion qui saisit, quand on vient à parcourir un ouvrage dont Lavoisier s'occupait au moment de sa mort. Sa théorie était complète, il avait besoin de la réunir, d'en présenter les bases à la postérité. Ce besoin était devenu plus impérieux que jamais, car à cette époque, par un de ces retours dont vous avez vu plus d'un exemple, la théorie de Lavoisier n'était plus celle de Lavoisier, c'était celle des *chimistes français;* on confondait l'établissement de la nomenclature avec celui des faits qui en sont la base. Ainsi Lavoisier, après avoir vu sa doctrine contestée sous le rapport de l'invention, la voyait encore contestée par un partage dans lequel tous les chimistes de son temps étaient appellés. Alors il conçut la pensée de former un corps de tous ses Mémoires, de publier ce recueil, afin de donner les moyens d'apprécier si cette doctrine lui appartenait ou non; si cet ouvrage avait été complet, vous auriez pu parcourir d'un seul coup-d'œil, la série de ses travaux et cela eût rendu ma tâche plus facile, et en même temps mon travail eût été plus complet. Mais au moment où il s'occupait de la publication de cet ouvrage, dont une partie était déjà imprimée, la mort vient le frapper d'une manière brusque. Rien n'est comparable à cela dans toute l'histoire des sciences, rien n'est aussi douloureux que de voir cet ouvrage rester avec un seul volume entier, et dont le second qui était en train de s'imprimer, est tranché par la même hache qui frappait son auteur!.. La phrase se coupe là où se trouvait sa plume, au moment où le bourreau vint le chercher. Je le répète, il n'est point d'émotion comparable à celle-là dans aucun des ouvrages qui existent.

Comment cet événement est-il arrivé? Comment Lavoisier, après avoir eu une vie si honorable, a-t-il été conduit sur l'échafaud par les fureurs de la Révolution? C'est une chose toute simple. Lavoisier, comme nous l'avons vu, était fermier-général à une certaine époque. En 1794, un membre de la Convention, nommé Dupin, ancien commis de son beau-père, vint à la Convention porter un acte d'accusation contre tous les fermiers-généraux; Lavoisier s'y trouva compris. Peu de jours après, le rapport est lu et changé par Fouquier-Thinville en un acte d'accusation près le tribunal révolutionnaire. Lavoisier apprend le danger qui menace sa tête, il ne sait que devenir. Que faire? Rentrer chez lui? il est sûr d'y être arrêté. Aller chez un ami? c'était le mener à l'échafaud. Il erre dans les rues de Paris, sans asile, sans oser en chercher. Il rencontre alors un homme, que quelques-uns d'entre nous ont connu et dont le cœur s'est manifesté dans bien des circonstances, un ancien employé de l'Académie des Sciences, un nommé Lucas. Lucas prend Lavoisier, l'emmène avec lui, et où l'emmène-t-il? Précisément dans le cabinet le plus retiré du secrétariat de l'Académie des Sciences. N'est-ce point une circonstance touchante que de voir cette Académie que Lavoisier avait tant illustrée, où il avait jeté tant d'éclat, le recueillir dans ses dernières heures, essayer de le faire échapper au fer assassin? Lavoisier y passe un jour ou deux tout au plus; il apprend que ses collègues sont arrêtés, que son beau-père est arrêté. Il n'hésite plus, il s'arrache de l'asile qu'on lui avait ouvert et va se constituer prisonnier. Le 6 mai il est condamné à mort, le 8 il monte à l'échafaud. Le tribunal a condamné sans aucune acception de personnes, ce n'est point Lavoisier qu'on a condamné, c'est le fermier-général nº 3, sans plus d'attention; et c'est peut-être ce qui a causé sa perte. Il n'a pu s'imaginer que cette gloire dont il sentait tout le poids, n'aurait aucune espèce d'influence sur ses juges; il a cru qu'on comprendrait ce que c'était qu'un grand homme, il s'est trompé. Il fut condamné avec tous ses collègues, sous le prétexte le plus puéril, mais il n'en fallait pas d'autres à cette époque.....

« Condamné à mort comme convaincu d'être » auteur ou complice d'un complot qui a existé » contre le peuple français, tendant à favoriser » les succès des ennemis de la France. Notam- » ment en exerçant tout espèce d'exactions et de » concussions sur le peuple français, en mettant » dans le tabac de l'eau et des ingrédiens nui- » sibles à la santé des citoyens qui en faisaient » usage. » Vous n'ignorez point que dans la fermentation du tabac, il est nécessaire d'ajouter une certaine quantité d'eau. C'est parce qu'un ouvrier, un commis, en aura mis trop, que les fermiers-généraux furent condamnés à mort.

On a dit que Lavoisier, condamné à mort, aurait demandé un sursis, sous prétexte qu'il avait des expériences à terminer; il n'en demanda pas. Il mourut avec calme et résignation en même temps que ses collègues, avec le même sentiment qui l'avait porté à venir partager leur captivité, sans demander aucune espèce de faveur particulière. On a dit aussi que des couronnes lui furent portées dans sa prison ; que quelques citoyens auraient assez senti l'importance de sa gloire, pour lui donner ces témoignages de leur admiration. Je suis fâché de le dire : ce n'est point vrai; car, parmi les personnes qui auraient figuré dans cette action, se trouve Cuvier qui, à cette époque, était éloigné de Paris et tout-à-fait inconnu. Le seul fait digne d'être remarqué, c'est la démarche qu'on doit à un homme qui ne s'occupait point de chimie, le docteur Hallé, dont tous ceux qui l'ont connu savent la bonté et le courage. Hallé sachant que Lavoisier était arrêté, rédige un rapport où il retrace les services qu'il a rendus à la science, réunit une espèce de société, et tout tremblant, lit ce rapport où il essaie de proclamer la gloire de Lavoisier; il porte à l'impression et distribue cet écrit; mais la pensée des bourreaux ne pouvait admettre un pareil secours : Lavoisier fut condamné sans rémission.

Maintenant, Messieurs, vous connaissez la vie de Lavoisier tout entière, il ne me reste plus qu'une réflexion à vous faire. Après une vie si honorable, après une mort si cruelle, qu'avons-nous fait pour Lavoisier ? Qu'a fait la France pour Lavoisier ? Où voyez-vous un monument qui rappelle sa mémoire, un simple buste qui lui soit consacré? Y a-t-il quelque médaille qui rappelle ses traits? Nous ne possédons qu'un seul portrait de Lavoisier, c'est tout ce qui nous reste de lui, un portrait qu'on doit à sa famille. Mais si le ciel me prête vie et m'en donne la force, je tâcherai, autant qu'il sera en moi, de réparer cette grande omission ; je tâcherai de faire une édition de ses ouvrages, dans laquelle je n'essaierai point de me substituer à lui ni d'établir l'ordre qu'il y aurait établi, comme nous voyons qu'il a essayé de le faire, mais où on verra un exemple d'une tentative qui, peut-être, réveillera le zèle de personnes plus haut placées, qui pourront mieux que moi fonder un monument qui exprime à la fois à Lavoisier, notre admiration et notre douleur éternelle.

CINQUIÈME LEÇON.

14 mai 1836.

Messieurs,

Lorsque dans les dernières séances, je vous ai exposé les faits qui ont été observés par Priestley, Schéele, Lavoisier, vous avez dû être frappés de voir que les principales lois de la chimie découlent de l'observation et de l'étude des combinaisons diverses dont on s'est occupé jusqu'ici. Vous avez dû remarquer d'abord que c'est en mettant les corps en rapport les uns avec les autres, que l'on a commencé à découvrir ces lois. Ainsi, ce n'est qu'après avoir connu les phénomènes qui se passent dans l'oxidation des corps, que Lavoisier s'élève à la connaissance des sels, connaissance qu'il établit sur des bases claires et précises. Pourtant il faut le dire, aujourd'hui quand on revient sur cette partie de la chimie, les anciens avaient dans les sels des moyens d'expérimentation beaucoup plus simples et beaucoup plus faciles à apprécier que ceux dont ils se servaient. Qui les empêchait de prendre un acide et une base sans s'embarrasser de leur composition? d'étudier cet acide et cette base dans leurs rapports mutuels? de voir comment ils se combinent pour donner naissance à des sels, et d'examiner ces sels sans s'inquiéter de la nature, de la base, et de l'acide dont ils sont formés? Les phénomènes qu'on aurait observés auraient été d'autant plus faciles à apprécier et d'autant plus dignes d'intérêt, qu'ici on eût eu un caractère qui manque dans l'étude des combinaisons binaires; savoir, que dans l'action des acides sur les bases, il y a un certain point de saturation qu'on eût pu reconnaître par la saveur, alors que des réactifs plus délicats auraient manqué. Ce caractère permet d'amener tous les sels à un état comparable, ce qu'on ne peut obtenir dans les autres circonstances.

Si vous cherchez à vous rendre compte de cette négligence des chimistes à étudier les sels, vous en trouverez facilement la raison en examinant les écrits des chimistes qui ont précédé Lavoisier, et en voyant comment ils entendaient la nature des sels. Vous serez conduits à une observation de la plus haute importance, que j'essaierai de développer, et qui fera comprendre qu'à mesure que l'étude des sels est devenue plus précise, elle a créé une branche des connaissances chimiques qui peut rivaliser avec ce que Lavoisier et ses contemporains ont fait de plus remarquable. Mon but est donc de vous faire voir ce qu'était autrefois l'étude des sels, et de vous montrer en même temps que les théories les plus délicates de la chimie sont sorties de l'examen de cette classe de corps.

Pour les anciens, les sels étaient quelque chose de si confus, de si embarrassé, qu'il est extrêmement difficile aujourd'hui de se rendre un compte exact de leurs idées à ce sujet. Pour eux, les sels étaient une combinaison d'eau et de terre, et là dessus ils faisaient les raisonnemens les plus singuliers; raisonnemens dont l'influence s'est fait sentir jusque dans ces dernières années, jusqu'aux chimistes dont nous pouvons garder le souvenir. Par sel, n'allez pas vous imaginer qu'ils entendaient ce que nous désignons sous ce titre; ils confondaient sous cette dénomination un nombre de corps beaucoup plus étendu. Ainsi, parmi les sels, tels qu'ils se les figuraient, l'acide sulfurique occupait le premier rang, c'était le beau idéal des sels. Il offrait au plus haut degré tous les caractères qu'ils supposaient à ces corps; c'était une substance qui elle seule, rappelait toutes les qualités qui appartenaient aux sels; les propriétés de l'acide sulfurique en formaient pour eux une espèce type. En effet, c'est un corps incolore et limpide, et par ces propriétés il ressemble à l'eau et au cristal le plus pur. Il est plus dense que l'eau et moins que les terres, moins volatil que l'eau, mais cependant susceptible de se volatiliser, tandis que les matières terreuses sont fixes. Il est plus cristallisable que l'eau, mais cependant il peut se liquéfier. Il tient donc un juste milieu entre l'eau et la terre, dont il est composé. Des raisonnemens de cette nature, qui se sont prolongés jusqu'à une époque voisine de nous, puisqu'on les retrouve encore dans les chimistes contemporains et antagonistes de Lavoisier, devaient donner des sels une idée bien confuse, et les théories que nous avons aujourd'hui sur cette classe de corps, étaient tout-à-fait impossibles à découvrir, quand on avait sur les sels des idées qui reposaient sur une hypothèse que les faits ne pouvaient démontrer.

Cependant, à une époque qui remonte un peu avant Lavoisier, vous trouvez un homme qui, loin d'avoir comme ses contemporains des idées fausses sur la nature des sels, présente plusieurs Mémoires où se trouvent des idées extrêmement précieuses. En voyant l'immense quantité de sels que nous connaissons, et la connaissance profonde que nous en avons, on est surpris de penser que jusqu'au temps de Glauber, qui vivait vers 1650, les chimistes n'ont connu que les sels qui étaient connus dès les temps les plus anciens, savoir : les trois vitriols, le natron, le nitre, l'alun, en un mot les sels qui se trouvent dans la nature, et qu'on n'a eu besoin que de ramasser à sa surface, et de voir; c'est Glauber qui, le premier, a fait connaître les sels artificiels en grand nombre; mais Glauber n'a point connu la nature des sels. Celui qui le premier a fait connaître leur histoire, c'est Rouelle, qui professait la chimie à Paris, vers le milieu du siècle dernier, et qui mou-

www.ingramcontent.com/pod-product-compliance
Ingram Content Group UK Ltd.
Pitfield, Milton Keynes, MK11 3LW, UK
UKHW020930180726
13838UKWH00002B/852

9 782329 387017